艺术体操 纱巾操

全民健身项目指导用书

王霞◎主编

吉林出版集团股份有限公司　全国百佳图书出版单位

图书在版编目（CIP）数据

艺术体操. 纱巾操 / 王霞主编. -- 2 版. -- 长春：
吉林出版集团股份有限公司, 2010.2（2024.8重印）
全民健身项目指导用书
ISBN 978-7-5463-2363-3

Ⅰ.①艺… Ⅱ.①王… Ⅲ.①纱巾操–基本知识
Ⅳ.①G834

中国版本图书馆 CIP 数据核字(2010)第 028371 号

全民健身项目指导用书

艺术体操 纱巾操

YISHU TICAO　SHAJINCAO

主　　编　王　霞
责任编辑　李　娇
封面设计　吕宜昌
开　　本　650mm×960mm　1/16
印　　张　8
字　　数　60 千
版　　次　2010 年 2 月第 2 版
印　　次　2024 年 8 月第 4 次印刷

出版发行　吉林出版集团股份有限公司
地　　址　吉林省长春市福祉大路 5788 号
邮　　编　130000
电　　话　0431-81629968
电子邮箱　11915286@qq.com
印　　刷　三河市金兆印刷装订有限公司
书　　号　ISBN 978-7-5463-2363-3　定　　价　39.80 元

序　言

自 1995 年我国政府推出《全民健身计划纲要》以来，我国群众性体育活动蓬勃发展，取得了显著的成绩。2008 年，举世瞩目的北京奥运会的成功举办，极大地激发了亿万人民群众的体育热情，增强了全社会的体育意识，营造了浓厚的全民健身氛围。面对这样的可喜局面，群众体育科研、教学工作者应义不容辞地为社会实践服务，从不同角度思考，如何使普通百姓通过简而易行的身体锻炼方式、方法和手段达到良好的健身效果，达到拥有健康的目标，从而享受生活、享受快乐人生。该书系就是在这样的思想指导下诞生的。

本书系能够顺应国家体育的大政方针，掌握时代脉搏，对指导大众健身，使大众掌握健身方法和手段有很好的促进作用。

本书系图文并茂，实用性强，分为球类运动、体操健身运动、传统武术、冰雪运动、水上运动、体育舞蹈、休闲运动、格斗运动、民间体育活动和极限运动等十大类项目，计 100 分册，按照统一的体例，力争有所创新。每册的具体内容为该项目的起源与发展、运动保健、基本技术、运动技巧、比赛规则等，使读者在学习过程中，不仅能够学会运动健身的方法，同时还能够学到保健方面的基本知识。

　　经国务院批准，自 2009 年起，将每年的 8 月 8 日定为"全民健身日"。《全民健身项目指导用书》的出版，必将为开展全民健身活动起到积极的推动和指导作用。

目录 CONTENTS

目录 CONTENTS

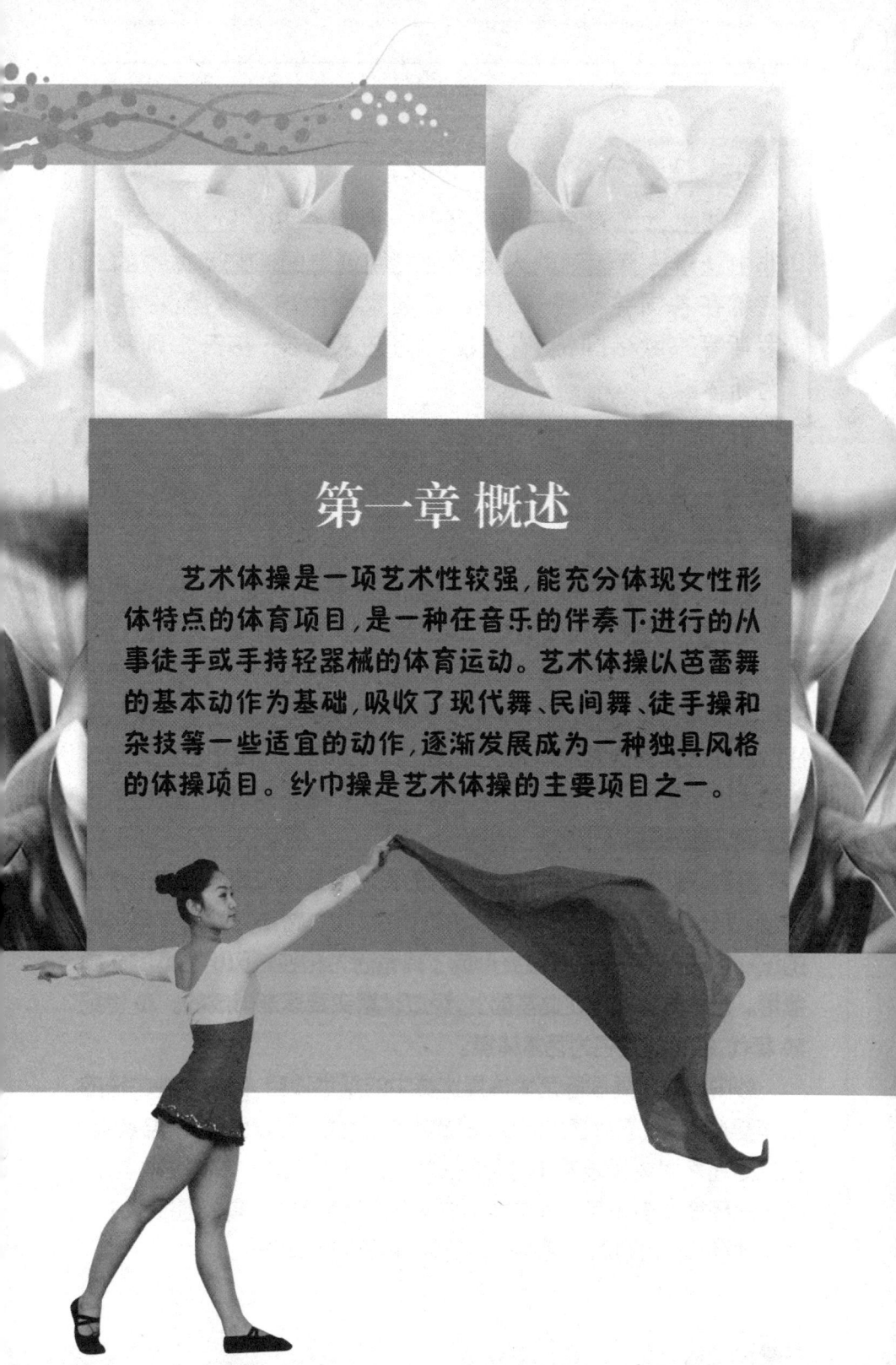

第一章 概述

艺术体操是一项艺术性较强，能充分体现女性形体特点的体育项目，是一种在音乐的伴奏下进行的从事徒手或手持轻器械的体育运动。艺术体操以芭蕾舞的基本动作为基础，吸收了现代舞、民间舞、徒手操和杂技等一些适宜的动作，逐渐发展成为一种独具风格的体操项目。纱巾操是艺术体操的主要项目之一。

第一节

起源与发展

　　艺术体操起源于 19 世纪末 20 世纪初的欧洲，它并非由从事体育运动的人员单独发明创造的。艺术体操的名称在各国并不统一，在欧美国家称为韵律体操；在俄罗斯等东欧诸国，还有我国称为艺术体操；在日本则称为新体操。

　　艺术体操起源于 19 世纪末 20 世纪初的欧洲。当时的老式体操被认为是孤立、机械的肢体运动，不符合人体的自然形态，需要进行改革。法国的生理学家乔治·德迈尼、瑞士的音乐教师台尔·克罗兹、德国的舞蹈教师拉班，以及现代体操家博德和梅道等人，都主张艺术体操应以女子优美的自然形体为基础，在音乐的伴奏下，做出各种有节奏的艺术动作造型。通过练习艺术体操，可以发展女子身体的柔韧性，形成正确、健康的身体形态。

　　当时，专门从事体育与医学研究的爱沙尼亚人艾德勒和他的学生库普，在长期致力于符合美学要求的研究之后，将动力性动作与放松的流线型动作交替进行，最终形成了具有活力和独特风格节奏的体操雏形。艺术体操就是在此基础上，经过长期实践逐渐形成的。20 世纪 50 年代，被正式定名为艺术体操。

　　纱巾操并不是国际艺术体操比赛中的规定项目，但由于纱巾操的动作飘逸柔美，富有艺术效果，较易掌握，因而受到人们的普遍欢迎。无论是在艺术体操表演中，还是在大、中、小学的女子体育教学中，纱巾操已经被普遍采用。纱巾操的技术动作比较简单，典型的技术动作是摆动、绕环和抛接，此外，还有持纱巾抖波浪等动作。

发展

艺术体操于 20 世纪 40 年代传入美洲,50 年代传入亚洲,后逐渐流行于世界各地,并成为独立的体育项目。

最初的国际性艺术体操比赛并非独立进行的,而是附属于女子竞技体操比赛的团体项目中。随着技术的发展,竞技体操与艺术体操的差异日趋显著。1956 年,国际体联决定在竞技体操比赛中取消艺术体操比赛,把二者分开,并于 1962 年把艺术体操正式定为一个独立的女子竞技项目。

自艺术体操作为一个独立的运动项目以来,其比赛的组织形式和比赛规则都有了新的变化,并逐渐被完善。

1963 年,首届世界艺术体操锦标赛在匈牙利首都布达佩斯举行。

1984 年,艺术体操个人全能赛在洛杉矶奥运会上首次成为正式比赛项目。

1996 年,在亚特兰大奥运会上增加了艺术体操团体赛。

艺术体操原来只有女子比赛项目,后来,还出现了男子艺术体操。2003 年 11 月 27 日,举办了首届世界男子艺术体操锦标赛。

 机构与赛事

机构

世界体操联合会(FIG)简称国际体联,1881 年 7 月在比利时的安特卫普成立,现有会员 125 个。

中国体操协会于 1956 年加入国际体联,1964 年宣布退出该组织,1978 年会籍得到恢复。

赛事

(1)奥运会艺术体操比赛,每 4 年 1 届。

(2)世界艺术体操锦标赛,每 2 年 1 届。

(3)艺术体操世界杯赛,每 2 年 1 届。

(4)亚洲艺术体操锦标赛,每 2 年 1 届。

 发展趋势

国内趋势

艺术体操于 20 世纪 50 年代经苏联传入我国。20 世纪 80 年代,艺术体操作为一项新兴的体育项目,以其特有的魅力在我国各体育院校广泛开展起来。

为更广泛地开展群众性体育活动,增强人民体质,推动我国社会主义现代化建设事业的发展,1995 年 6 月,国务院提出了《全民健身计划纲要》,号召全社会广泛开展全民健身运动。目前,全民健身运动在全国范围内蓬勃发展,具有中国特色的全民健身体系的框架已经初步形成。全民健身运动的开展,有利于提高人民的生活质量,丰富业余文化生活,促进社会进步;有利于加强社会主义精神文明和物质文明建设,提高我国的综合国力,振奋民族精神。

艺术体操是一项符合女子生理、心理特点的运动,因此非常适合年轻女性练习。这项运动既能增进练习者身心健康,提高身体素质,又能培养练习者的表现力和高雅的气质。因此,这项运动的普及开展,不仅有助于实现全民健身运动的宏伟目标,还可以给社会的文化生活增添美的旋律和艳丽的色彩。

国外趋势

俄罗斯在竞技艺术体操项目上占有绝对的优势,并引领着艺术体操的发展方向。如今,在相关规则的支配和现代高科技的支持下,艺术体操正沿着更难、更美、更新的方向迅速发展,成为观赏性极强的体育项目。与此同时,大众艺术体操正沿着深入群众、融入生活的方向发展,在全球范围内掀起了艺术体操健身运动的热潮。

第二节

场地、器材和装备

　　纱巾操运动对场地和装备的要求并不高,但是高质量的场地是运动顺利开展的前提,而良好的装备则是练习者发挥较高水平的必要保证。

 **场地** ◆◆◆◆◆◆◆◆

　　一般情况下,纱巾操运动可以在普通场地上进行,但是高水平的训练则应该在健身馆中进行,以保证练习者运动的舒畅,避免运动损伤的发生。

 **规格**

　　健身馆应保持干净,地面最好是专业地板。

 **设施**

　　健身馆一定要有镜子,这样练习者可在镜前练习,并及时纠正自己的错误动作。表现力较好的练习者可以在镜前一边练习一边欣赏自己优美的动作。

 **要求**

　　(1)健身馆的光线必须充足,并且通风条件良好。
　　(2)地面应经常打扫并保持整洁,这对练习者的健康是十分重要的。

 **器材** ◆◆◆◆◆◆◆◆

　　纱巾操运动的器材就是纱巾,在正规比赛和表演中对此有一定的要求。

 **规 格** 见图 1-2-1

纱巾呈长方形，一般为长 150～250 厘米，宽 70～100 厘米。纱巾长的一侧为长边，短的一侧为短边。

概

述

图 1-2-1

 **材 质**

纱巾可用丝绸、尼龙纱或其他轻纤维材料制成。

 **装 备**

练习纱巾操时最好穿专业的艺术体操服和体操鞋，这样既有利于增强动作的表现力与美感，又可避免不必要的运动损伤。

 **服 装** 见图 1-2-2

服装应随季节的变化而调整。夏天炎热，宜穿两节式健美操服或体操服；冬天寒冷，应注意服装的保暖，最好在练习的前半段穿较厚的

运动外套,等身体完全发热后,再换穿健美操服或体操服。

图 1-2-2

 **鞋** 见图 1-2-3

　　鞋最好选用标准的体操运动鞋,也可以用底部较软的运动鞋代替。

图 1-2-3

第二章 运动保健

　　体育运动对增强体质、预防疾病和促进健康具有良好的作用。但是，并非所有人从事相同的运动都会达到同样的效果。对于同一种运动负荷，不同人机体的反应差异是很大的，即使同一个体，在不同时期、不同机能状态下，对同一负荷的反应及效果也是不一样的。因此，对于不同个体，应制定适合其机能需要的运动强度、时间、频率和持续周期。从事体育锻炼一定要讲究科学性，使机体最大限度地获得运动价值，使某些疾病得到有效的防治。

第一节

自我身体评价

　　自我身体评价是指根据个体的不同情况以及简单的功能评定标准，对锻炼者进行身体评价，并以此为依据，确定具体的锻炼内容。

适宜人群

　　体适能是全身适应性的一部分，是人体精神和体力对现代生活的适应能力。为了促进健康，预防疾病，提高生活质量和工作学习效率，几乎所有人都可以追求健康体适能，而且经过简单的评价和测试，均可以成为目标人群，即适宜人群。

 健康体适能评价标准

　　健康体适能是指身体有足够的活力和精力处理日常事务，而不会感到过度疲劳，并且还有足够的精力去享受休闲活动和应对突发事件。

　　健康体适能是确定锻炼者是否为运动适宜人群的主要依据。目前的评价标准主要包括国民体质测定标准、学生体质测定标准和普通人群体育锻炼标准等。

　　国民体质测定标准主要包括形态指标、机能指标和素质指标 3 个部分，各项指标的测定结果均为 1～5 分，共 5 个级别。凡各项指标达不到 4 分或 5 分者，均应被纳入健身人群。

　　学生体质测定标准分为优秀、良好、及格和不及格 4 个级别。优秀水平以下者，均应被纳入健身人群。

　　普通人群体育锻炼标准分为 5 个级别，凡达不到 4 分或 5 分者，均应被纳入健身人群。

简易运动功能评定

简易运动功能评定的目的在于确定锻炼者有无运动禁忌症或临时运动禁忌的情况，即是否适合参加体育锻炼，以达到防备万一、避免意外事故发生的目的。目前通行的方式为 3 分钟踏台阶测试。

目的

测试锻炼者运动后心率恢复的情况，以评估其心肺功能。

器材 见图 2-1-1

30 厘米高的长凳、节拍器、秒表和时钟。

步骤 见表 2-1-1

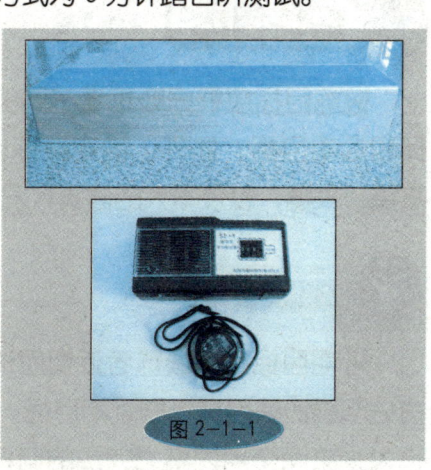

图 2-1-1

（1）节拍器设定为每分钟 96 次，锻炼者依"上上下下"的节拍运动 3 分钟。

（2）锻炼者完成 3 分钟踏台阶后，5 秒钟内开始测量其脉搏，时间为 1 分钟，记录其心率，并依据下表评价其功能水平。

（3）运动后心率越低，证明其心肺功能越好。在运动强度允许的范围内，锻炼者可选择运动强度的较高值来进行运动。

 表 2-1-1　3 分钟踏台阶测试评价表

	年龄（岁）	欠佳（次）	尚可（次）	一般（次）	良好（次）	优异（次）
男士	18~25	>115	105~114	98~104	89~97	<88
	26~35	>117	107~116	98~106	89~97	<88
	36~45	>119	112~118	103~111	95~102	<94
	46~55	>122	116~121	104~115	97~103	<96
	56~65	>119	112~118	102~111	98~101	<97
	65+	>120	114~119	103~113	96~102	<95
女士	18~25	>125	117~124	107~116	98~106	<97
	26~35	>128	119~127	111~118	98~110	<97
	36~45	>128	118~127	110~117	102~109	<101
	46~55	>127	121~126	114~120	103~113	<102
	56~65	>128	118~127	112~117	104~111	<103
	65+	>128	122~127	115~121	101~114	<100

注意事项

如锻炼者经过努力仍无法达标，或出现头晕、胸闷、出冷汗等症状，应立即终止测试。运动中应特别考虑运动强度，以防止出现意外。

锻炼目标

锻炼目标应根据锻炼者不同的身体状况来确定，可分为近期目标和远期目标。此外，确定锻炼目标还应结合锻炼者的运动意向、愿望、兴趣，以及本人的健康状况、疾病程度等因素来进行。

近期目标

近期目标是指锻炼者近期应达到的目标。在进行运动之前，应首先明确锻炼目标，即近期目标。选择一两个健康体适能构成要素，作为未来两个月内努力完成的目标，而且应从成功概率较高的构成要素开始，并将预期两个月后要达到的目标做上记号，如提高某个或某些关节的活动幅度，增强某个肌肉群的力量等。

远期目标

远期目标是指锻炼者最终要达到的目标。实践证明，经过科学合理的锻炼后，锻炼者是可以达到一般的远期目标的，如提高心肺功能，使其达到优秀的等级，或达到降血脂、防治高血压和冠心病的目的等。

运动负荷

运动负荷即运动量。怎样控制运动量，合适的运动时间是多少等，一直是人们争论不休的问题。但有一点是可以肯定的，那就是任何有关身体活动的意见和建议，都需要综合考虑锻炼者的身体状况和所要达到的目标，并以此为依据来制订科学的身体锻炼计划。

运动强度

在运动过程中，运动强度过小，则无法达到锻炼的效果；运动强度过大，不仅达不到最佳的锻炼效果，还可能产生一些副作用，甚至出现意外事故。确定运动强度有两种方法，即心率简易推测法和主观感觉疲劳分级表推测法。

心率简易推测法

（1）年龄在 20 岁左右的年轻人，身体健康，能坚持体育锻炼，欲进一步提高身体机能，可取最大心率值（最大心率值＝220－年龄）的 65%～85%。

（2）年龄在 45 岁以下，身体基本健康，有运动习惯者，开始进行健身锻炼，可取最大心率值的 65%～80%，没有运动习惯者，开始进行健身锻炼，可取最大心率值的 60%～75%。

（3）年龄在 45 岁以上，身体基本健康，有运动习惯者，开始进行健身锻炼，可取最大心率值的 60%～75%，没有运动习惯者，建议根据自身情况咨询专业人员来指导和确定运动强度。

主观感觉疲劳分级表推测法　　见表 2-1-2

运动的疲劳程度大致分为 10 级,具体为:0～1 级,没感觉;2～3 级,尚轻松;4～5 级,稍累;6～7 级,累;8～9 级,很累;10 级,精疲力竭。因此,健身锻炼的运动强度应控制在主观感觉疲劳程度的 4～7 级。

表 2-1-2　　主观感觉疲劳分级表

0 没感觉	·	2 尚轻松	·	4 稍累	·	6 累	·	8 很累	·	10 精疲力竭

运动频率

运动频率是指每日及每周锻炼的次数。一般每周锻炼 3～4 次，即隔日锻炼 1 次即可。有充足的休息时间，可使机体得到充分的休息，收到更好的锻炼效果。

运动持续时间

运动强度和运动持续时间，决定了一次锻炼的运动量和热量消耗。运动持续时间与运动强度成反比，运动强度大，运动持续时间可相应缩短，运动强度小，则运动持续时间应相应延长。

一般的健身锻炼，运动持续时间以每天 20～60 分钟为宜，其中包括准备活动时间、健身锻炼时间和整理活动时间。每次健身锻炼应在 20 分钟以上，锻炼可一次性完成，也可分段进行，但每段的活动时间应在 10 分钟以上。

第二节
运动价值

运动价值是人们一直在探讨的问题。一般认为，运动具有两方面的价值，即健身价值和心理价值。身体和精神的健康是相互依存的，伴随着身体功能的改善，精神状况也能同时得到改善。

健身价值

健身价值在于提高体适能。体适能包括心肺耐力素质、肌肉力量素质、柔韧性素质和身体成分等。体适能的发展是积极从事锻炼的结果，只有规律性的体育锻炼才能达到最佳的体适能。

提高心肺耐力素质

心肺耐力是指全身肌肉进行长时间运动的持久能力，是体内心肺系统对身体各细胞的供氧能力。人体的心脏、肺、血管、血液等组织的功能是心肺耐力的基础，它们与氧气和营养物质的输送以及代谢物的清除有关。健全的心肺功能是健康的基本保证。

系统的体育锻炼，可以使心肌增厚，收缩力加强，心室容积增大，从而使心脏的泵血功能增强，表现为心血输出量增加。

系统的体育锻炼，呼吸系统机能也将得到提高，表现为呼吸肌的力量增强，肺活量、肺通气量明显增加，保证对机体供氧的能力。

系统的体育锻炼，可以促进血管系统的形态、机能和调节能力产生良好的适应力，从而提高机体的工作能力。

系统的体育锻炼，可以使血液系统产生某些适应性变化，如血容量增加、血黏度下降、红细胞膜弹性增强和红细胞变形能力增强等。

提高肌肉力量素质

肌肉力量是指肌肉最大收缩产生的对抗阻力或负荷的能力。肌肉力量只有达到一定的程度，才能克服外界阻力，而克服外界阻力是维持日常生活自理、从事各种劳动和运动的必要前提。

系统的体育锻炼，可以提高肌肉的生理横断面积，可以改善神经系统对肌肉收缩的支配功能，还可以提高肌肉内代谢物质的储备量，使肌肉力量得到提高。

提高柔韧性素质

柔韧性是指人体各关节的活动幅度，即关节的肌肉、肌腱和韧带等软组织的伸展能力。柔韧性对于保证正常生活质量、维持正常体态、预防损伤发生和减轻损伤程度等方面均起到至关重要的作用。

系统的体育锻炼，还可以延缓因年龄因素而导致的柔韧性下降，预防因缺乏运动而导致的关节结构、周围软组织和膝关节肌肉退化，从而使锻炼者的日常生活、劳动和运动等更加充满活力。

身体成分是指人体体重中的脂肪组织和去脂组织的重量百分比。身体成分中的脂肪成分增加，肌肉成分必然下降。身体中不具备收缩功能的脂肪组织增加，必然导致身体进行各种活动的能力下降，基础代谢水平降低，肥胖症、冠心病、高血压、糖尿病、高血脂等慢性疾病发病率的提高。因此，身体成分是保证人体健康的重要内容之一。

通过系统的体育锻炼，随着锻炼者体质的增强，热量消耗便随之增加，进而燃烧掉体内多余的脂肪，使身体成分得到改善。而身体成分的改善，又可以减少体重对关节可能带来的不利影响，还可以使肥胖者的心理状况得到改善，增强其自信心，使其逐步建立起健康的生活方式。

研究证明，有规律的体育锻炼不但可以使锻炼者增强体质、促进身体健康、预防一些慢性疾病，还可以提高锻炼者的生活满意度和生活质量，对其心理健康产生积极影响。

体育锻炼的心理健康效应主要表现在六个方面：

短期效应

研究发现，体育锻炼对人的情绪状态具有显著的短期效应。运动后人们的焦虑、抑郁、紧张和心理紊乱等症状会明显减轻，而精力和愉快程度则明显增强。而且这种情绪的迅速变化，与锻炼者个体的健康状况、活动形式和活动强度等有着直接的联系。

 长期效应

体育锻炼对人情绪的长期效应有着直接的影响，与不锻炼者相比，有规律的锻炼者在较长时期内很少会产生焦虑、抑郁、紧张和心理紊乱等情绪。

完善个性行为特征 见表 2-2-1

人们的行为特征一般可以分为两种类型，用 A 型行为特征和 B 型行为特征来表示。A 型行为特征主要表现为性情急躁、争强好胜、容易激动、整天忙碌和做事效率高等。B 型行为特征主要表现为不好竞争、不易紧张、不赶时间、对人随和、喜欢自由自在等。具有 A 型行为特征的人由于过度紧张的情绪反应，会引起内分泌失调，增加心脏病发病的概率。目前的一些研究主要集中在体育锻炼对改变 A 型行为特征的作用方面。研究结果表明，有规律的体育锻炼能明显改变 A 型行为特征。

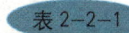 表 2-2-1　A、B 型个性行为特征常见表现

A 型行为特征者常见表现	B 型行为特征者常见表现
约会从来不迟到	对约会很随便
竞争意识很强	竞争意识不强
别人要讲话时总爱抢先或插话	是别人讲话时很好的听众
总是匆匆忙忙	即使有压力也从不匆忙
等待时缺乏耐心	能够耐心等待
干事时全力以赴	处事漫不经心
同时想干很多事	在一段时间里只干一件事情
讲话喜欢用加强语气，甚至敲桌子	讲话语速缓慢，不慌不忙
做了好事希望能得到别人的认可	只要自己满意即可，不管别人怎样想
吃饭、走路都很快	做事情很慢
不善与人相处	为人随和
容易暴露自己的感情	能控制自己的感情
具有广泛的兴趣	没什么业余爱好
雄心壮志	满足于目前的工作和学习状况

确立良好自我概念

自我概念是指个体对自己身体、思想和情感的主观整体评价，它由许多自我认识组成，包括我是什么人、我主张什么和我喜欢什么等。

坚持体育锻炼，可以使锻炼者体格强健、精力充沛、提高驾驭身体的能力，从而改善对自身的满意程度，确立良好的自我概念。

改变睡眠模式

根据脑电图的显示，人的睡眠可以分为两种状态，即慢波睡眠状态和快波睡眠状态。前者为浅度睡眠状态，后者为深度睡眠状态。一夜之间两种睡眠状态会交替发生 4～5 次。

有规律的体育锻炼不仅对慢波睡眠有促进作用，而且能缩短入眠的潜伏期，并延长睡眠的时间。

改善认知能力

体育锻炼还能改善人的认知过程，避免反应时间过长、注意力不集中和思维混乱等症状的发生，尤其对老年人的认知能力改善效果更为明显。

增加心理治疗效应

体育锻炼被公认为是一种心理治疗的好方法。目前人群中常见的心理疾患是抑郁症和焦虑症。研究发现，体育锻炼是治疗抑郁症的有效手段之一，抑郁症患者经过有规律的体育锻炼，抑郁症状能明显减轻。

体育锻炼还具有治疗焦虑症的作用，通过有规律的体育锻炼，可以使锻炼者的焦虑症状明显改善。

第三节

运动保护

　　在运动过程中，人体机能会随时发生变化。因此，应针对这种机能变化的特点来进行体育锻炼，也就是我们所说的运动保护。运动保护一般包括运动前准备、运动后放松和自我养护三个方面。

 运动前准备

　　准备活动是指在正式运动之前进行的有目的的身体练习。做好充分的准备活动，可以缩短机体进入最佳状态的时间，同时还可以预防运动损伤的发生，为机体发挥最大的工作效率做好功能上的准备。

准备活动的作用

提高中枢神经系统兴奋状态

　　(1)使大脑反应速度加快，参加活动的运动中枢神经相互协调。

　　(2)为正式运动时生理机能达到适宜程度提前做好准备。

提高机体代谢水平

　　(1)准备活动可以使锻炼者体温升高，降低肌肉黏滞性，使肌肉的伸展性、柔韧性和弹性增强，从而有效预防运动损伤的发生。

　　(2)准备活动可以增强体内代谢酶的活性，使物质代谢水平提高，以保证运动时有较充分的能量供应。

克服内脏器官生理惰性

　　(1)准备活动可以提高心血管系统和呼吸系统的机能水平，使肺通气量及心血输出量增加。

　　(2)可以使心肌和骨骼肌的毛细血管扩张，使其工作肌获得更多的氧，从而克服内脏器官的生理惰性，使之尽快达到最佳状态。

❈ 增加皮肤毛细血管血流量

准备活动可以使皮肤毛细血管的血流量增加，运动后毛细血管扩张，有利于散热，降低体温，有效防止开始正式活动时由于体温过高而影响运动能力。

▼ 准备活动要求

❈ 准备活动时间

（1）准备活动的时间可以根据运动项目的具体情况确定，一般以10～30分钟为宜。

（2）准备活动与正式运动的间隔时间，一般以不超过15分钟为宜，可以在做完准备活动后立刻进行正式运动。

❈ 准备活动强度

（1）准备活动的强度和量应较正式运动小，以免引起不必要的疲劳。

（2）准备活动的量可以由心率来决定，心率以100～120次／分为宜。

▼ 准备活动内容

❈ 一般性准备活动

一般性准备活动的内容多以伸展运动开始，然后进行一般性的跑步、徒手体操等活动。

下面介绍一套常用的一般性准备活动操，供锻炼者运动前使用。这套活动操主要包括头部运动、肩部运动、扩胸运动、体侧运动、体转运动、髋部运动和踢腿运动等。

图 2—3—1

头部运动

头部运动的动作方法(见图 2-3-1):两手叉腰,两脚左右开立,做头部向前、向后、向左、向右,以及绕环运动。

肩部运动

肩部运动的动作方法(见图 2-3-2):手扶肩部,屈臂向前、向后绕环,以及直臂绕环。

图 2-3-2

扩胸运动

扩胸运动的动作方法(见图 2-3-3):屈臂向后振动及直臂向后振动。

体侧运动

体侧运动的动作方法(见图 2-3-4):两脚左右开立,一手叉腰,另一臂上举,并随上体向对侧振动。

体转运动

体转运动的动作方法(见图 2-3-5):两脚左右开立,两臂体前屈,身体向左、向右有节奏地扭转。

髋部运动

髋部运动的动作方法(见图 2-3-6):两脚左右开立,两手叉腰,髋关节放松,向左、向右 360 度旋转。

图 2-3-3

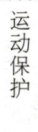

踢腿运动

踢腿运动的动作方法（见图 2-3-7）：两臂上举后振，同时一腿向后半步，重心置于前腿，两臂下摆后振，同时向前上方踢腿。

图 2-3-4

图 2-3-5

图 2-3-6

图 2-3-7

专门性准备活动

专门性准备活动的动作方法、节奏和强度等与正式锻炼相似，目的是使人体主要肌群在运动前得到动员，为正式锻炼做好准备。

 **运动后放松**

运动后放松是指运动之后所进行的一些能够加速机体功能恢复的、较轻松的身体活动。与运动前准备活动相反，其目的是使锻炼者的生理机能水平逐步得到恢复。

 **放松方法**

运动性手段

（1）运动结束后，锻炼者可采用变换运动部位的方法来消除疲劳，如上肢出现疲劳时可做一些慢跑运动，下肢出现疲劳时可做一些上肢运动。

（2）转换运动类型也是一种不错的放松方法，如打羽毛球出现疲劳时，可从事瑜伽运动来达到放松的目的。

（3）还可以用调整运动强度的方法来缓解疲劳，如可以在放松过程中，采用小强度的轻微运动方法等。

整理活动 见图 2-3-8

（1）整理活动是指运动后所做的一些能够加速机体功能恢复的身体活动，如剧烈运动后进行 3～5 分钟慢跑或其他整理活动，使身体机能得以恢复。

（2）剧烈运动后如不做整理活动而骤然停止动作，会影响氧气的补充和静脉血的回流，使机体血压降低，引起不良反应。

图 2-3-8

注意事项

（1）在进行整理活动时动作应缓慢、放松，运动量不要过大，否则会引起新的疲劳。

（2）在进行整理活动时，应当保持心情舒畅、精神愉快。

自我养护

锻炼后，锻炼者感觉身体疲劳是一种正常的生理现象，是体育锻炼过程中的正常反应，随着体育锻炼时间的延长，疲劳症状会自然消失。运动性疲劳出现后，锻炼者如果采用一些自我养护措施，可以加速身体机能的恢复，尽快消除疲劳，提高锻炼效果。常见的自我养护方法主要包括运动后休息、合理营养和物理手段等三种。

运动后休息

 见图 2-3-9

（1）静止性休息是指锻炼者运动后保持机体相对的静止状态，以促进身体机能的恢复，尽快消除疲劳。

（2）静止性休息的最佳方式之一是睡眠，特别是刚开始从事锻炼者，身体不适应或疲劳症状明显时，更应该保证足够的睡眠，否则，锻炼者虽然积极参加了体育锻炼，但收效甚微，甚至会导致过度疲劳症状的发生。

（3）静止性休息更适合于消除全身运动导致的整体疲劳症状。

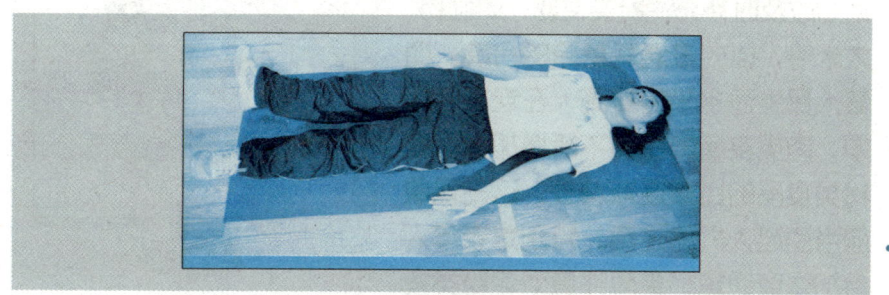

图 2—3—9

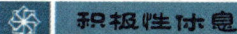 **积极性休息** 见图 2—3—10

（1）积极性休息更适合由于少量肌肉群参与工作而导致的局部疲劳，或运动强度较大而导致的快速疲劳。

（2）积极性休息可以加速血液循环，有利于代谢物排出体外，对促进身体机能的恢复具有明显的效果。

图 2—3—10

 见图2—3—11

图2—3—11

小强度、长时间的运动形式，主要是靠糖原的有氧代谢提供能量。运动后应及时补充淀粉类食物，如面粉、大米等，以促进消耗糖原的合成。随着人民生活水平的提高，在饮食结构中，肉类食品的比重不断增加，而淀粉类食品的比重逐渐减少，这一现象应当引起人们的注意，特别是老年人参加体育锻炼，更应注意对淀粉类食物的补充。

强度较大、时间又相对较长的运动形式，主要是靠糖原的无氧代谢提供能量。这样，糖原无氧代谢产物——乳酸便会在体内大量堆积。因此，运动后应多补充蔬菜、水果等碱性食品，以加速乳酸的清除，达到尽快消除疲劳的目的。

物理手段

 见图2—3—12

（1）通过刺激神经末梢、皮肤结缔组织和毛细血管的按摩方法，可以使紧张的肌肉得以放松，从而改善局部组织和全身的血液循环，达到促进身体机能恢复的目的，这种方法可以在锻炼后马上进行。

（2）此外，还可以采取缓慢牵拉肌肉的方法，使收缩的肌肉得到充分的伸展放松。

水疗及电疗

（1）水疗包括芬兰式蒸汽浴、热水浴和桑拿浴等多种形式，主要作用是通过提高体温，促进血液循环，清除代谢物，以达到尽快消除疲劳、恢复体力的目的。

（2）水疗的时间一般以不超过30分钟为宜，如果时间过长，会进一步消耗体力，严重时甚至会出现暂时性脑缺血现象。

（3）如果条件允许，还可对疲劳的肌肉进行低频治疗。低频治疗仪的原理是模拟针灸疗法，使用时将电极用不干胶对称地粘贴在运动部位表皮上。这种疗法可以促进局部血液循环，改善组织代谢，缓解肌肉酸痛，消除疲劳。

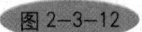
图 2-3-12

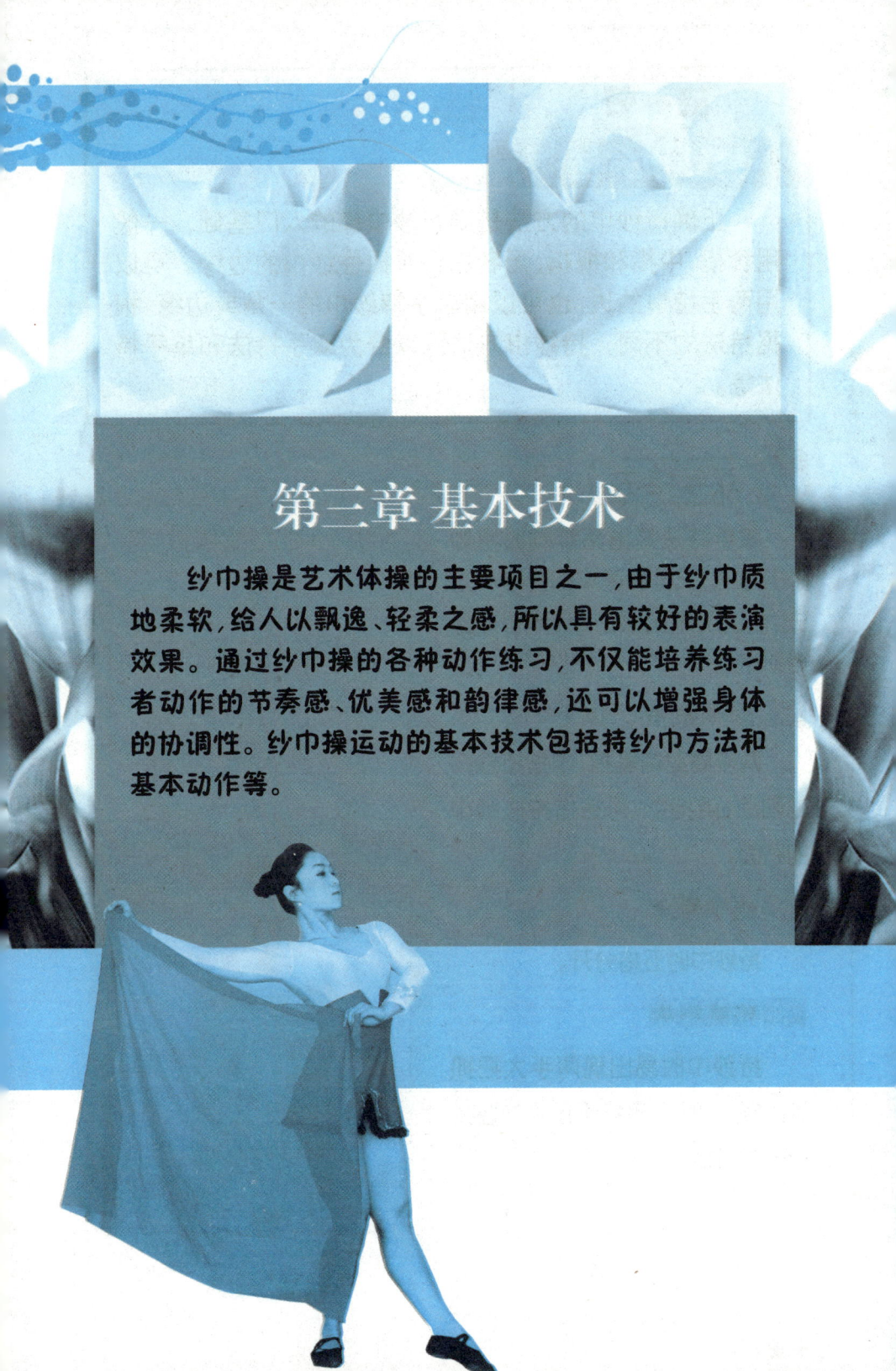

第三章 基本技术

纱巾操是艺术体操的主要项目之一，由于纱巾质地柔软，给人以飘逸、轻柔之感，所以具有较好的表演效果。通过纱巾操的各种动作练习，不仅能培养练习者动作的节奏感、优美感和韵律感，还可以增强身体的协调性。纱巾操运动的基本技术包括持纱巾方法和基本动作等。

第一节

持纱巾方法

正确持纱巾的方法是学习纱巾操的入门基础，一般用食指、中指和拇指、无名指相对握住纱巾的边缘。可以用两手持巾的边，也可以用单手持纱巾的一角或边缘。根据持法的不同，持纱巾方法可以分为双手持法和单手持法等。

Y 双手持法 ◆◆◆◆◆◆◆◆◆

双手持法是指两手同时持纱巾的方法，它是最基本的持纱巾方法，可以用来做摆动、绕环和抛接等动作。

动作方法　见图 3-1-1

两手同时用食指、中指持纱巾的前面，用拇指、无名指持住纱巾的后面。

技术要点

持纱巾时五指分开。

错误纠正

持纱巾时易出现两手大把抓等问题。因此，应按照正确的握持方法进行练习。

图 3-1-1

基本技术

单手持法 ◆◆◆◆◆◆

单手持法是指一只手持纱巾的方法,它是学习纱巾操的基础。单手持纱巾可以做摆动、抛接等动作。

❀ 动作方法 见图 3-1-2

用一只手的食指、中指持纱巾的前面,拇指、无名指握住纱巾的后面。

❀ 技术要点

持纱巾时五指分开。

❀ 错误纠正

持纱巾时易出现用手大把抓等问题。因此,应按照正确的握持方法进行练习。

图 3-1-2

第二节

基本动作

　　基本动作是学习纱巾操的基础。纱巾操的动作柔和流畅而连贯，不仅有良好的健身性，还具有很强的观赏性。基本动作包括摆动、绕环与绕"8"字和抛接等。

　　摆动是指手臂以肩关节为轴，在不同平面上，向不同方向所做的幅度小于360度的钟摆式弧形运动。摆动动作在纱巾操练习中具有重要作用，包括单手持纱巾前后摆动、双手持纱巾左右摆动、双手持纱巾上下摆动和双手持纱巾水平摆动等。

 单手持纱巾前后摆动

动作方法 见图3-2-1

　　(1)左脚向前一步，重心移至左腿，右脚后点地。

　　(2)右手持纱巾向前摆动至前举，左臂侧举。

　　(3)向后移重心呈右腿站立，左脚前点地。

　　(4)右手持纱巾经下方，向后摆动至后下举，左臂经下方，向前摆动至前上举。

技术要点

　　(1)以肩关节为轴直臂摆动，起摆时略用力。

　　(2)摆动至最高点时，手腕向上挑，让力量传至纱巾的远端，使纱巾飘起。

练习时易出现动作不伸展、纱巾没有飘动起来等问题。因此,应慢速练习,体会动作要领。

图 3-2-1

双手持纱巾左右摆动

见图3-2-2

✿ 动作方法

（1）两腿屈膝弹动 1 次,同时两手持纱巾向左摆动至左侧举。

（2）两腿屈膝再弹动 1 次,同时两手持纱巾经下方向右摆动至右侧举。

✿ 技术要点

（1）以肩关节为轴在体前直臂摆动,起摆时略用力。

（2）摆动至最高点时,手腕向上挑,让力量传至纱巾的远端,使纱巾飘起。

✿ 错误纠正

练习时易出现动作不伸展、纱巾飘动不充分、运动面不准确等问题。因此,应慢速练习,体会动作要领。

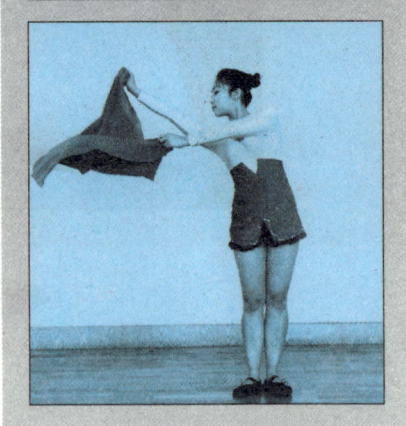

图3-2-2

基本技术

双手持纱巾上下摆动

🌀 动作方法　见图3-2-3

（1）两腿半蹲，然后蹬地提踵站立。

（2）两手持纱巾经前摆至前平举，抬头，挺胸，目视纱巾。

（3）两腿半蹲，同时两臂经前摆至下举，含胸，低头。

🌀 技术要点

（1）借助两腿蹬地力量向上摆臂。

（2）摆臂时以肩关节为轴直臂摆动，上摆要有力度。

（3）摆动至最高点时，手腕向上挑，让力量传至纱巾的远端。

（4）向下摆动时减缓摆动的速度，使纱巾轻轻飘落。

🌀 错误纠正

练习时易出现动作不伸展、纱巾飘动不充分等问题。因此，应慢速练习，体会动作要领。

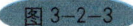

图3-2-3

双手持纱巾水平摆动

❋ **动作方法** 见图3-2-4

（1）两腿屈膝弹动1次，同时两手持纱巾经体前向左摆动至左侧举。

（2）两腿屈膝再弹动1次，同时两手持纱巾经体前向右摆动至右侧举。

❋ **技术要点**

（1）以肩关节为轴，直臂放松地向左、右侧水平摆动。

（2）摆动略有起伏，速度均匀。

❋ **错误纠正**

练习时易出现动作不柔和、不伸展，纱巾飘动不充分等问题。因此，应慢速练习，体会动作要领。

图3-2-4

绕环与绕"8"字

绕环是指手持纱巾以肩关节、肘关节为轴,使纱巾在不同部位,不同平面上,向不同方向所做的圆周运动。连续做两个方向相反的绕环为绕"8"字。经常练习绕环与绕"8"字,可以提高练习者肩关节的灵活性。绕环与绕"8"字的基本动作包括双手持纱巾向前或向后大绕环、双手持纱巾向左或向右大绕环、双手持纱巾向左或向右水平大绕环、双手持纱巾向左或向右水平绕"8"字等。

双手持纱巾向前或向后大绕环

 动作方法 见图3-2-5

(1)向前大绕环,两手持纱巾经体前绕至上举,再继续向右(向左)、向后绕至下举,还原。

(2)向后大绕环与向前大绕环动作相同,方向相反。

技术要点

(1)以肩关节为轴直臂绕环。

(2)绕至最高点时,手腕向上挑,让力量传至纱巾的远端,使纱巾飘起。

错误纠正

练习时易出现动作不连贯、不伸展,绕环面不准确,纱巾飘动不充分等问题。因此,应慢速练习,体会动作要领。

图 3-2-5

 双手持纱巾向左或向右大绕环

动作方法 见图 3-2-6

（1）向左大绕环，两手持纱巾在体前向左绕动，经上方再向右绕环一周。

（2）向右大绕环与向左大绕环动作相同，方向相反。

技术要点

（1）以肩关节为轴直臂绕环。

（2）绕至最高点时，手腕向上挑，让力量传至纱巾的远端，使纱巾飘起。

错误纠正

练习时易出现动作不连贯、不伸展，绕环面不准确，纱巾飘动不充分等问题。因此，应慢速练习，体会动作要领。

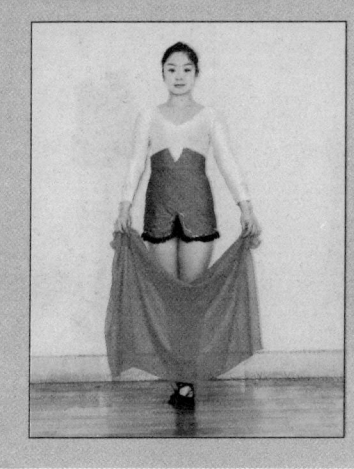

图 3-2-6

双手持纱巾向左或向右水平大绕环

动作方法 见图 3-2-7

（1）两手持纱巾经体前向左水平绕至身体左侧，右臂在上，左臂在下，继续水平绕至两臂上举，上体略后屈。

（2）继续向右绕至左臂在上、右臂在下。

（3）两臂还原至体前。

（4）向右水平大绕环与向左水平大绕环动作相同，方向相反。

技术要点

（1）以肩关节为轴直臂绕环。

（2）绕环时腰部随之旋转。

错误纠正

练习时易出现动作不连贯、不伸展，纱巾飘动不充分等问题。因此，应慢速练习，体会动作要领。

图3-2-7

双手持纱巾向左或向右水平绕"8"字

动作方法 见图 3-2-8

（1）两手持纱巾向左水平大绕环至腹部，在腹前再沿逆时针方向做水平中绕环。

（2）向右水平绕"8"字与向左水平绕"8"字动作相同，方向相反。

技术要点

（1）水平大绕环时以肩关节为轴直臂绕环，腰部随之旋转。

（2）水平中绕环时屈臂，以肘关节为轴，两臂交错穿行。

错误纠正

练习时易出现动作不连贯、不伸展，纱巾飘动不充分等问题。因此，应慢速练习，体会动作要领。

基本动作

图 3-2-8

抛接是指单手或双手持纱巾,借助向上摆动的力量,顺着纱巾扬起的方向将纱巾抛向空中,再用单手或双手接握住纱巾的动作。抛接纱巾练习不仅可以发展练习者的上肢力量,而且还能够提高上肢关节的灵活性与协调性。抛接的基本动作包括双手体前持纱巾窄边向上抛接和单手向前持纱巾窄边向侧抛接等。

双手体前持纱巾窄边向上抛接

 动作方法 见图 3-2-9

(1)两腿半蹲,向上蹬起,同时两臂向上摆动抛纱巾,使纱巾在空中向后上方飘起。

(2)当纱巾另一边飘起至上举部位时,两手接纱巾的另一端。

❀ **技术要点**

(1)利用两腿蹬地的力量向上摆臂,摆臂时不可用力过大。

(2)两臂摆动至上举部位时,手腕伸直,放手将纱巾向后上方抛。

❀ **错误纠正**

练习时易出现动作不伸展,抛纱巾没有力量,纱巾在空中没有飘起等问题。因此,应徒手或持纱巾慢速练习,体会动作要领。

图 3-2-9

单手体前持纱巾窄边向侧抛接

 动作方法 见图 3-2-10

（1）两腿半蹲，向上蹬起，同时右臂向上摆动抛纱巾，使纱巾在空中向左侧上方飘起。

（2）当纱巾另一边飘起至上举部位时，左手接纱巾的另一端向下摆动。

技术要点

（1）利用两腿蹬地的力量向上摆臂，摆臂时不可用力过大。

（2）两臂摆动至上举部位时，手腕伸直，放手将纱巾向左侧上方抛出。

　　练习时易出现动作不伸展，抛纱巾没有力量，纱巾在空中没有飘起等问题。因此，应徒手或持纱巾慢速练习，体会动作要领。

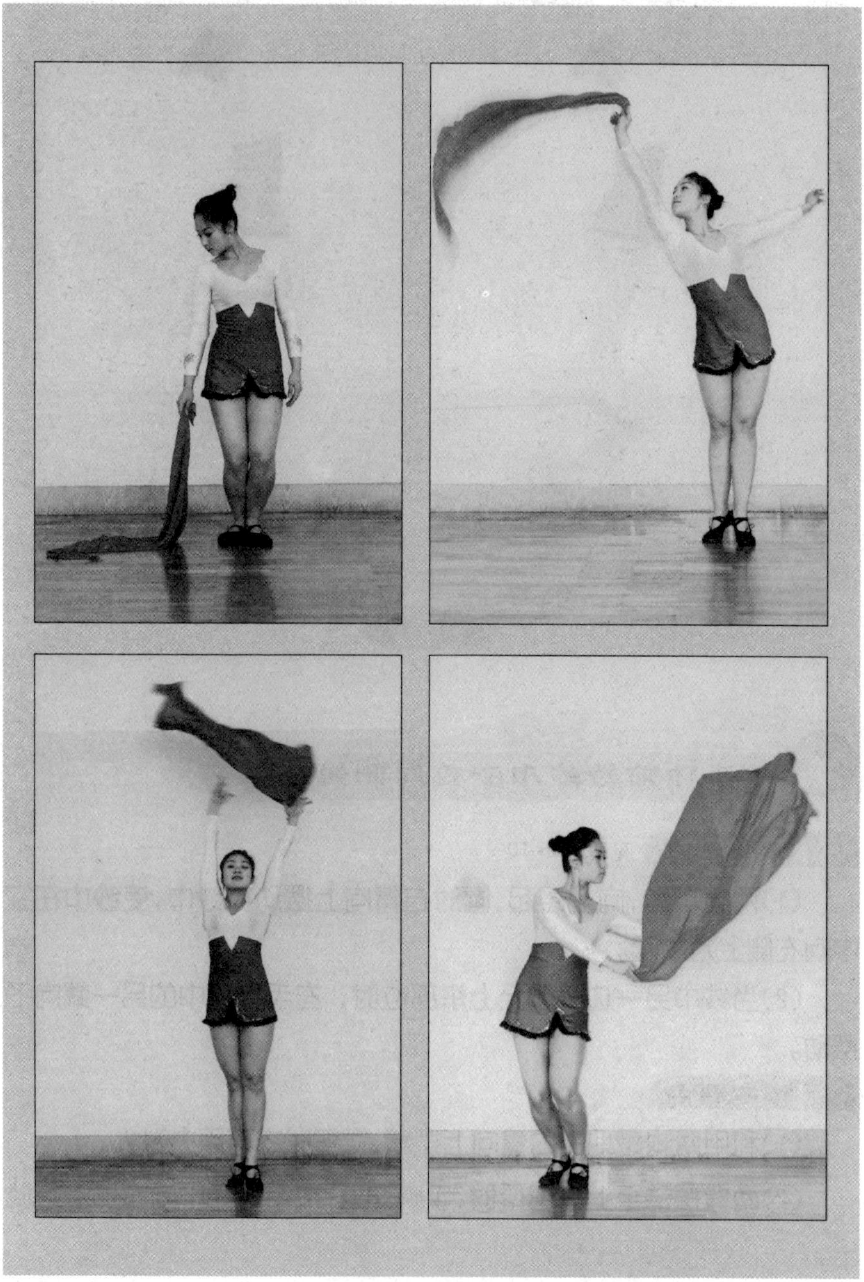

基本技术

图 3-2-10

第四章 成套动作练习

艺术体操成套动作练习是以一种类型动作或多种类型动作编排组合的练习。持纱巾练习成套动作不仅可以巩固和提高不同类型动作的技术水平,还能够使练习者提高身体素质,增强体质,陶冶情操,获得健美的形体,形成高雅的气质。成套动作练习包括单一型组合和综合型组合等。

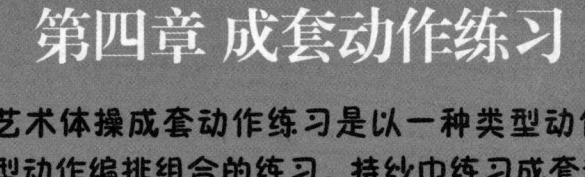

第一节

单一型组合

　　单一型组合是以某一种技术类型的动作为主编排的组合动作，它以巩固和提高某一类型动作技术为目的，包括摆动组合和绕环与绕"8"字组合等。

摆动组合

　　摆动组合由摆动基本动作组成，它可以巩固和提高摆动动作的技术水平。摆动组合长度为8拍×4组，音乐选配为慢速4/4拍。

动作方法 见图4-1-1

　　(1)预备姿势：两手持纱巾宽边自然站立。

　　(2)第一组：1~8拍，两腿屈膝弹动，两手持纱巾在体前向左右摆动2次。

　　(3)第二组：1~8拍，左脚上步，向左转体90度，双脚提踵立，两手持纱巾上下摆动2次。

　　(4)第三组：1~8拍，右脚后退一步，身体向右转体90度，双脚并立，两手持纱巾先向右再向左，水平摆动2次。

　　(5)第四组：1~4拍，左脚向侧一步，向左转体90度，右手持纱巾前后移重心摆动；5~8拍，与1~4拍动作相同，换左手做。

技术要点

　　(1)以肩关节为轴直臂摆动，起摆时略用力。

预备姿势

（2）摆动至最高点时，手腕向上挑，让力量传至纱巾的远端，使纱巾飘起。

⚙ **错误纠正**

练习时易出现动作不连贯、不伸展，纱巾没有飘起等问题。因此，应徒手或持纱巾慢速练习，体会动作要领。

第一组（1～8拍）

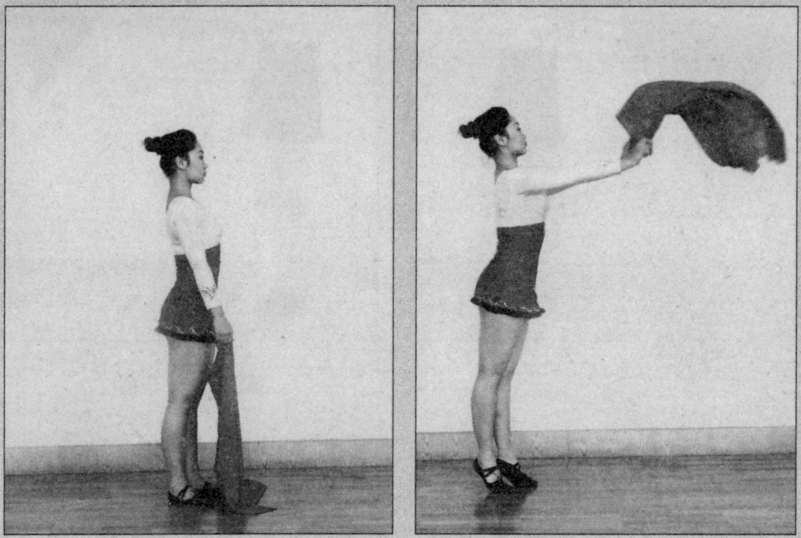

第二组（1～8拍）

第三组（1～8 拍）

第四组 (1～4 拍)

图 4—1—1

绕环与绕"8"字组合由绕环与绕"8"字基本动作组成,它可以巩固和提高绕环与绕"8"字动作的技术水平。绕环与绕"8"字组合长度为8拍×4组,音乐选配为慢速4/4拍。

✿ 动作方法 见图4-1-2

(1)预备姿势:两手持纱巾宽边自然站立。

(2)第一组:1～4拍,两手持纱巾向前经右侧大绕环;5～8拍,与1～4拍动作相同,方向相反。

(3)第二组:1～4拍,两手持纱巾向左大绕环;5～8拍,与1～4拍动作相同,方向相反。

(4)第三组:1～4拍,两手持纱巾从右至左水平大绕环;5～8拍,与1～4拍动作相同,方向相反。

(5)第四组:1～4拍,两手持纱巾向左水平绕"8"字;5～8拍,与1～4拍动作相同,方向相反。

✿ 技术要点

(1)大绕环时以肩关节为轴直臂绕环。

(2)水平大绕环时腰部随身体旋转。

✿ 错误纠正

练习时易出现动作不连贯、不伸展,纱巾飘动不充分等问题。因此,应徒手或持纱巾慢速练习,体会动作要领。

预备姿势

第一组 (1~8 拍)

 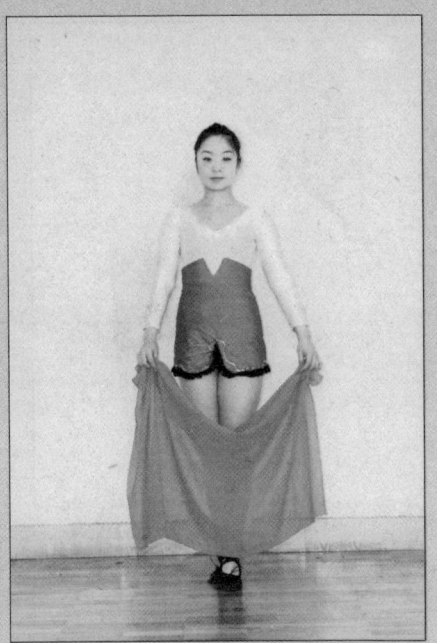

第二组 (1～8 拍)

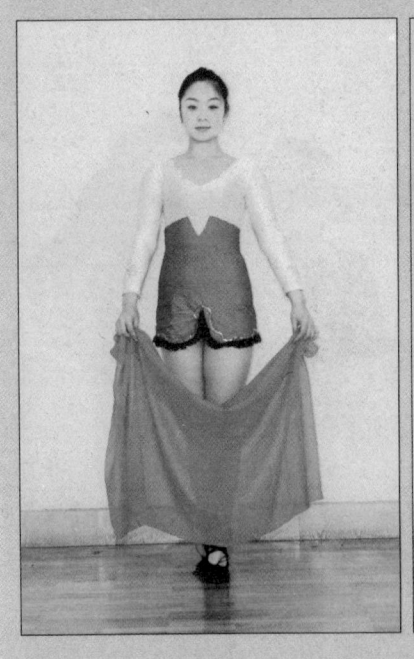 

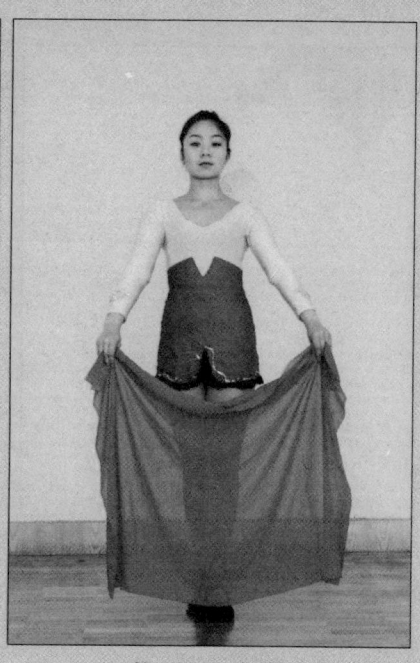

第三组 (1~8 拍)

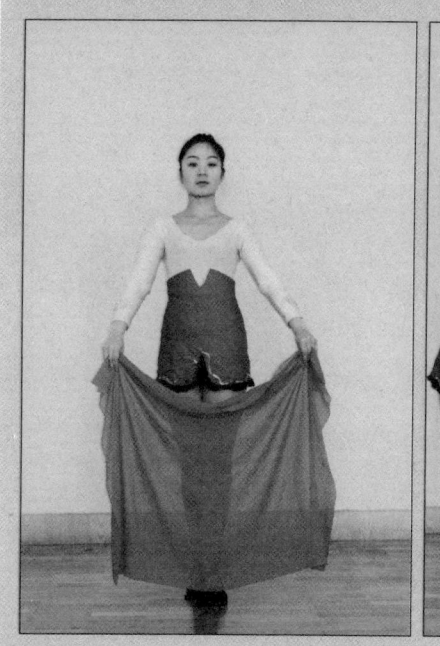

成套动作练习

第四组 (1～8 拍)

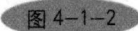

图 4-1-2

第二节

综合型组合

综合型组合是以巩固纱巾操基本动作为目的，以多种类型的基本动作编排组合的一种成套练习。综合型组合包括健身纱巾操和韵律纱巾操等。

 健身纱巾操

健身纱巾操以纱巾操的基本动作为主，结合大众健身的需要编排

而成,其动作特点是欢快活泼,韵律优美,不仅可以吸引练习者的练习兴趣,还能够增强体质,修塑形体。纱巾操组合长度为 8 拍×14 组,音乐选配为中速 2/4 拍。

 第一组

✾ **动作方法** 见图 4-2-1

(1)预备姿势:两手体前持纱巾宽边,自然站立。

(2)1~2 拍:两腿屈膝弹动 1 次,同时两手持纱巾向左摆动至两臂左侧举,目视纱巾。

(3)3~4 拍:两腿再弹动 1 次,同时两手持纱巾经下方向右摆动至两臂右侧举,目视纱巾。

(4)5~6 拍:两腿经半蹲伸直呈提踵立,同时两手持纱巾经下方向左大绕环,目视纱巾。

(5)7~8 拍:重复 1~2 拍动作,还原呈预备姿势。

✾ **技术要点**

以肩关节为轴直臂摆动,绕环,使纱巾在空中飘起。

✾ **错误纠正**

练习时易出现屈臂绕环,纱巾在空中没有飘起等问题。因此,应慢速练习,体会动作要领。

预备姿势

第一组 (1～8 拍)

图 4-2-1

第二组

动作方法　见图 4-2-2

1～8 拍：与第一组 1～8 拍动作相同，方向相反。

技术要点

以肩关节为轴直臂摆动，绕环，使纱巾在空中飘起。

错误纠正

练习时易出现屈臂绕环，纱巾在空中没有飘起等问题。因此，应慢速练习，体会动作要领。

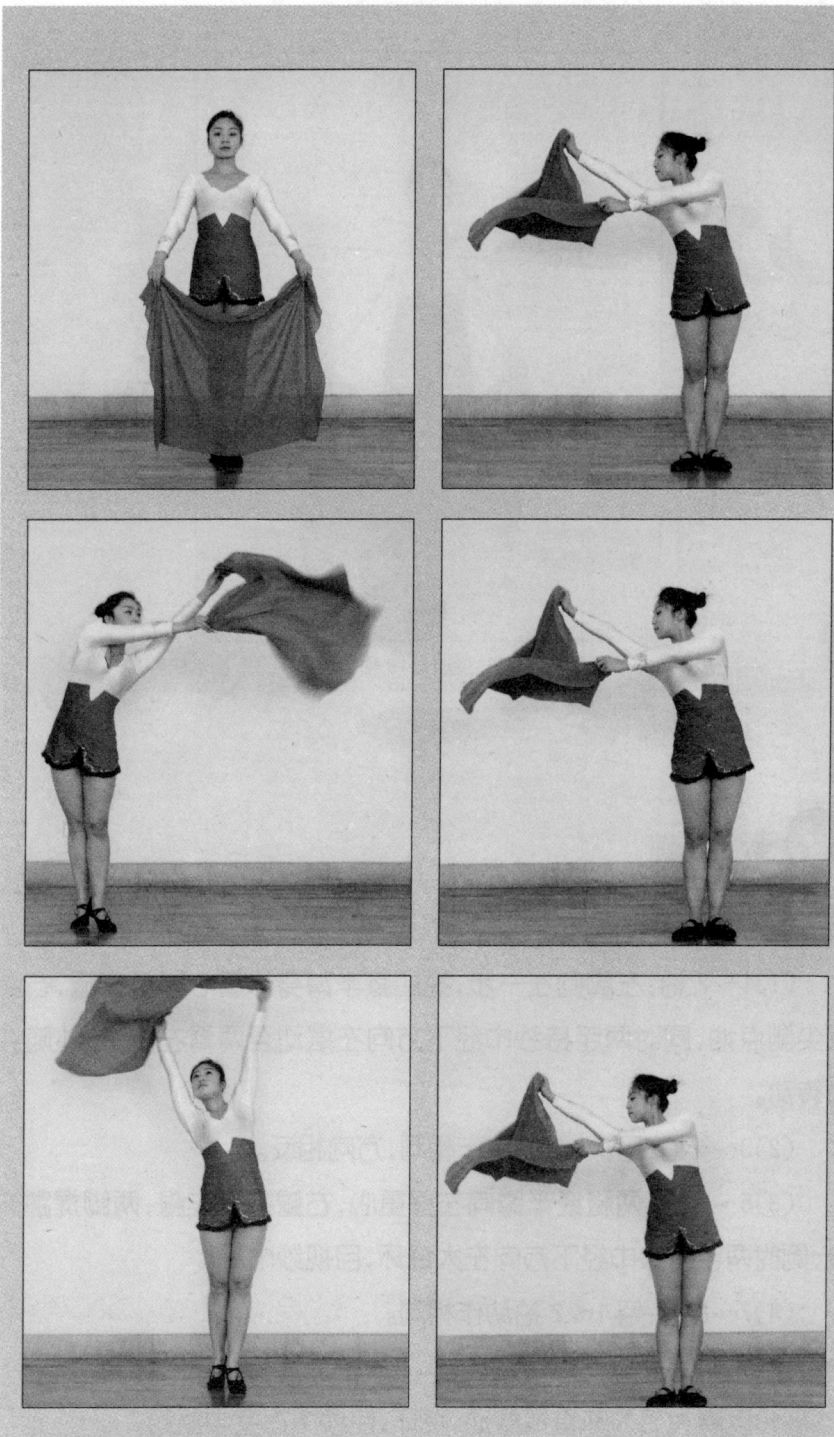

第二组(1～8拍)

图4-2-2

第三组

动作方法 见图4-2-3

(1)1～2拍:左脚向左一步,经屈膝半蹲身体重心移至左腿,右脚脚尖侧点地,同时两手持纱巾经下方向左摆动至两臂左侧举,头随纱巾转动。

(2)3～4拍:与1～2拍动作相同,方向相反。

(3)5～6拍:两腿经半蹲向左移重心,右腿并于左腿,两脚提踵站立,同时两手持纱巾经下方向左大绕环,目视纱巾。

(4)7～8拍:与1～2拍动作相同。

技术要点

(1)以肩关节为轴直臂摆动、绕环,使纱巾在空中飘起。

（2）左右移重心应充分。

练习时易出现屈臂绕环，纱巾在空中没有飘起等问题。因此，应慢速练习，体会动作要领。

第三组(1～8 拍)

图 4-2-3

第四组

动作方法 见图 4-2-4

(1)1～4 拍:与第三组 1～4 拍动作相同。

(2)5～8 拍:两腿交叉,向右转体 360 度,同时两手持纱巾向左水平绕至两臂侧上举,纱巾垂于体后。

技术要点

(1)以肩关节为轴直臂摆动,绕环。

(2)转体时,使纱巾在空中飘起。

错误纠正

练习时易出现屈臂绕环,纱巾在空中没有飘起等问题。因此,应慢速反复练习,体会动作要领。

图 4-2-4

第五组

动作方法　见图 4-2-5

（1）1～4 拍：两腿自然站立,屈膝弹动 2 次,同时两手持纱巾经右侧由头顶绕至体前,头随纱巾转动。

（2）5～8 拍：与1～4 拍动作相同。

技术要点

（1）水平大绕环时以肩关节为轴直臂绕环,腰部随之旋转。

（2）腹前水平中绕环时屈臂,以肘为轴,两臂交错穿行。

错误纠正

练习时易出现动作不连贯、不伸展,纱巾飘动不充分等问题。因此,应慢速练习,体会动作要领。

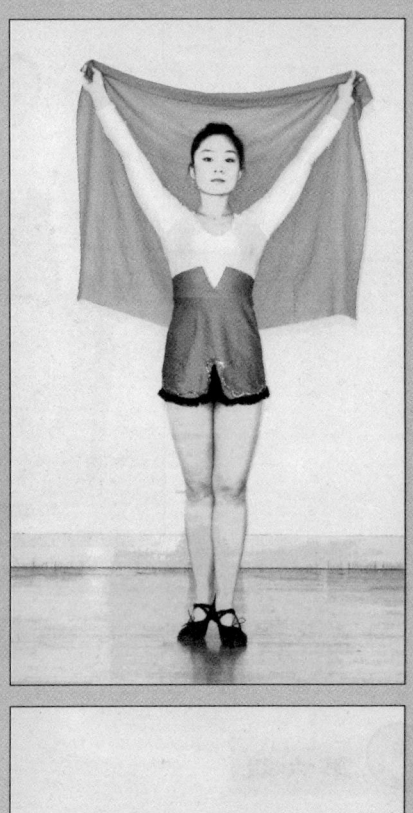

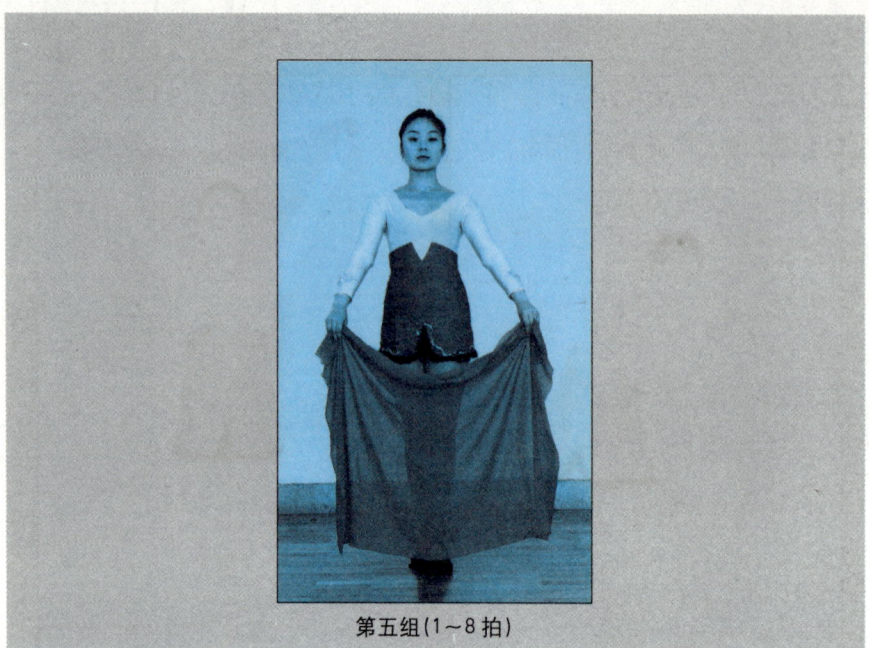

第五组(1～8拍)

图4-2-5

 **第六组**

 **动作方法** 见图4-2-6

(1)1～2拍:左脚向左一步,右脚脚尖侧点地,上体右侧屈,同时两手持纱巾经右向左做体前、头上水平绕"8"字,头随纱巾转动。

(2)3～4拍:两腿经半蹲呈提踵站立,同时右手持纱巾在体前向右摆动至斜后上举,左手持纱巾向右侧摆,并将左手置于右腰侧,目视前方。

(3)5～8拍:足尖碎步向左转体360度,同时左手持纱巾置于右腰侧,右手持纱巾侧上举,挺胸,向左转头,目视左后方。

 **技术要点**

(1)水平大绕环时以肩关节为轴直臂绕环。

(2)腹前水平中绕环时以肘为轴,两臂交错穿行。

(3)足尖碎步时高提踵。

练习时易出现动作不连贯、伸展，纱巾飘动不充分等问题。因此，应慢速练习，体会动作要领。

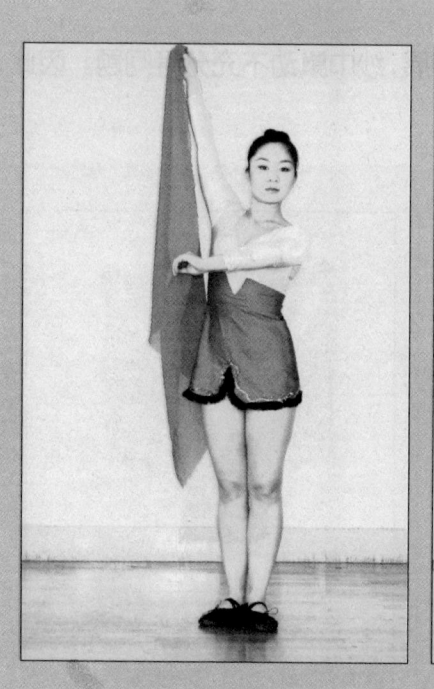

第六组(1～8拍)

图4-2-6

第七组

动作方法　见图 4-2-7

（1）1～2 拍：左脚上步，身体向左转体 180 度，同时双手持纱巾由右向左做体前水平绕环，至右手持纱巾于左腰侧，左手持纱巾侧举。

（2）3～4 拍：上体姿势保持不变，右脚向前二步弧形走至并立。

（3）5～6 拍：面向前方，左脚并于右脚，同时两手持纱巾由右侧举经下方向左大绕环一周半至两臂左侧举，头随纱巾转动。

（4）7 拍：身体向右转体 90 度，右脚向前一大步呈前弓步，同时两手持纱巾向前摆动至前上举，上体略向前倾，低头。

（5）8 拍：身体重心移至左腿，右脚脚尖前侧方点地，上体略向右后侧屈，同时两手持纱巾向左侧摆动至两臂左侧举，目视纱巾。

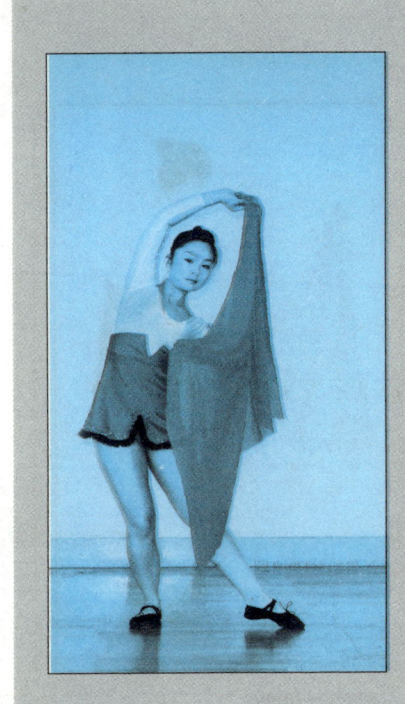

技术要点

（1）以肩为轴直臂绕环。

（2）摆动时直臂远伸。

错误纠正

练习时易出现动作不连贯、不伸展，纱巾飘动不充分等问题。因此，应慢速练习，体会动作要领。

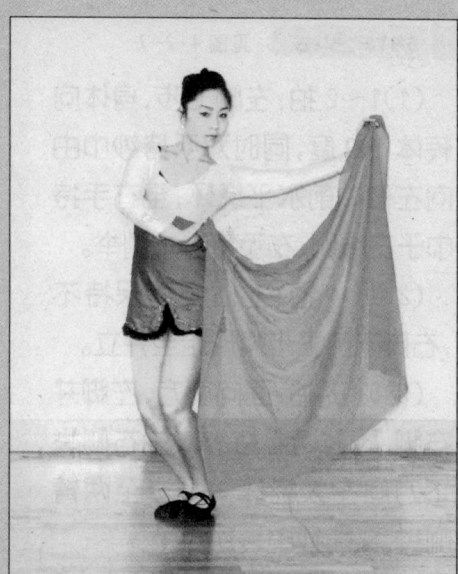

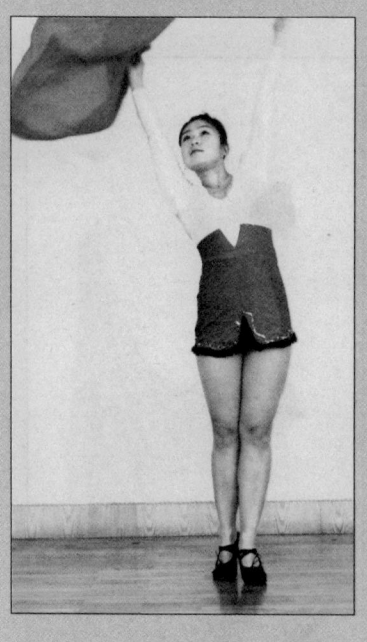

第七组(1~8拍)

图 4-2-7

第八组

动作方法　见图 4-2-8

1～8 拍：与第七组 1～8 拍动作相同,方向相反。

技术要点

(1)以肩关节为轴直臂绕环。

(2)摆动时直臂远伸。

错误纠正

练习时易出现动作不连贯、不伸展,纱巾飘动不充分等问题。因此,应慢速练习,体会动作要领。

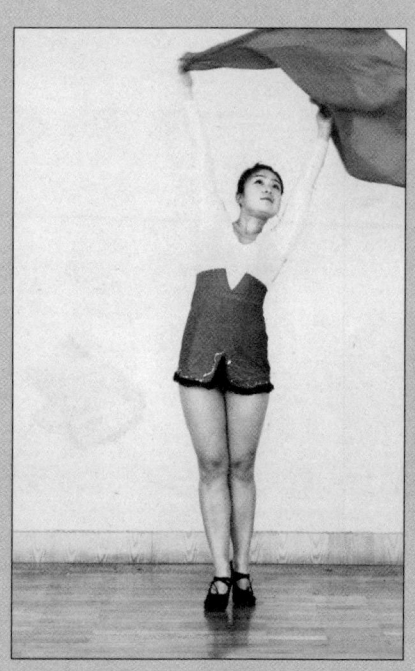

第八组(1~8拍)

图 4-2-8

第九组

🌸 **动作方法**　见图4-2-9

(1)1～2拍：右脚向左前方上一步，提踵站立，并向左前方踢左腿，同时两手持纱巾向左前方摆动至左前上举，左臂略高，右臂略低，抬头，目视纱巾。

(2)3～4拍：左脚并于右脚，同时两手持纱巾向右后方摆动至右后侧举，右臂略高，左臂略低。

(3)5～8拍：与1～4拍动作相同。

🌸 **技术要点**

(1)以肩关节为轴直臂摆动。

(2)踢腿时高提踵，身体动作舒展。

🌸 **错误纠正**

练习时易出现屈臂摆动，动作不舒展，纱巾飘动不充分等问题。因此，应慢速练习，体会动作要领。

第九组(1～8拍)

图 4—2—9

第十组

 **动作方法** 见图 4—2—10

(1)1～2 拍:左脚上步,左举腿跳,左臂上举,右臂前平举,两手持纱巾向前摆动,抬头挺胸,目视前方。

(2)3～4 拍:右脚前落,左脚向前上步,右腿屈膝,左脚脚尖点地,同时两手持纱巾在体前交叉绕至左臂前举,右臂胸前平屈,右手放于左臂上。

(3)5～8 拍:右脚并于左脚,并向右足尖小跑转体 360 度,两手不动,抬头、挺胸,头随纱巾。

技术要点

(1)以肩关节为轴直臂绕环。

(2)体前交叉绕环时以肘关节为轴,两臂交错穿行。

(3)后举腿立时高提踵。

(4)足尖小跑转体 360 度时高提踵。

　　练习时易出现动作不连贯、不伸展，纱巾飘动不充分等问题。因此，应慢速练习，体会动作要领。

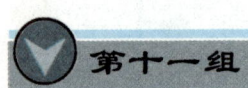

第十组(1~8拍)

图4-2-10

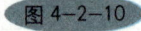

第十一组

动作方法 见图4-2-11

（1）1~2拍：左脚向左前方上步踏跳，右腿后举，同时两手持纱巾向左前方摆动至左前上举，左臂略高，右臂略低，抬头，挺胸，目视前方。

（2）3~4拍：右脚在右后方落地，屈膝缓冲，同时两手持纱巾向右后方摆动至右后下举，右臂略高，左臂略低，目视纱巾。

（3）5~6拍：左脚向左前方做并步跳1次，同时两手持纱巾经前方大绕环一周至右后上举，右臂略高，左臂略低，抬头、挺胸，目视前方。

（4）7~8拍：右脚向后一步并于左脚，呈自然站立，同时两手持纱巾向左后方摆动至左后上举，目视前方。

技术要点

(1)以肩关节为轴直臂摆动,绕环。

(2)踏跳步跳得要高,后腿要伸直。

(3)空中纱巾要舒展。

错误纠正

练习时易出现动作不连贯、不伸展,纱巾飘动不充分,跳步不高,空中姿态不优美等问题。因此,应徒手或持纱巾反复练习,体会动作要领。

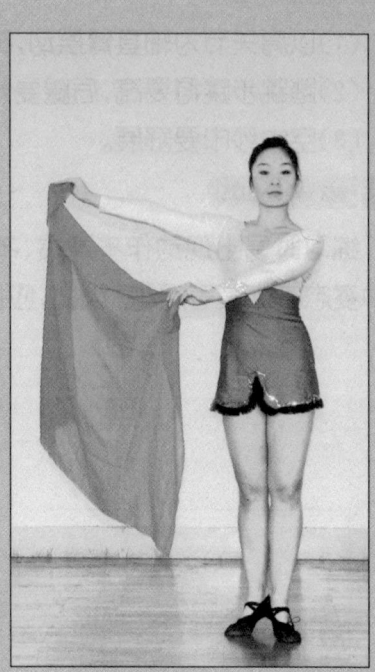

第十一组(1～8拍)

图4-2-11

 第十二组

🎴 **动作方法** 见图4-2-12

　　1～8拍：与第十一组1～8拍动作相同，方向相反。

🎴 **技术要点**

　　(1)以肩关节为轴直臂摆动，绕环。

　　(2)踏跳步跳得要高，后腿伸直。

　　(3)空中纱巾舒展。

🎴 **错误纠正**

　　练习时易出现动作不连贯、不伸展，纱巾飘动不充分，跳步不高，空中姿态不优美等问题。因此，应徒手或持纱巾反复练习，体会动作要领。

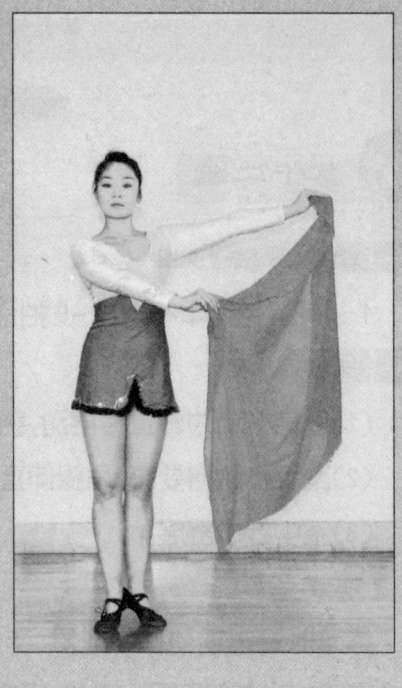

第十二组(1~8 拍)

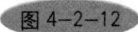
图 4—2—12

第十三组

※ **动作方法** 见图 4-2-13

（1）1～2 拍：自然站立，两腿屈膝弹动，同时两手持纱巾向前摆动，目视纱巾。

（2）3～4 拍：两腿经半蹲伸直呈提踵站立，同时两手持纱巾向上摆动至两臂上举，抬头，挺胸，目视纱巾。

（3）5～6 拍：提踵站立，右脚做后退足尖碎步 3～4 步，同时两手持纱巾两臂前举，并上下抖动纱巾，目视前方。

（4）7 拍：左脚向后一步，右脚再向后一步，两腿交叉向右转体 360 度，同时两手持纱巾落下，经侧摆至两臂上举，头随纱巾转动。

（5）8 拍：两腿半蹲，上体略前屈，同时两手持纱巾向下摆动至两臂前下举，目视纱巾。

※ **技术要点**

（1）以肩关节为轴直臂摆动。

（2）抖动纱巾时手腕上下摆动。

（3）空中纱巾要舒展。

※ **错误纠正**

练习时易出现动作不连贯、不

伸展,纱巾飘动不充分,抖动纱巾时直臂上下摆动等问题。因此,应徒手或持纱巾反复练习,体会动作要领。

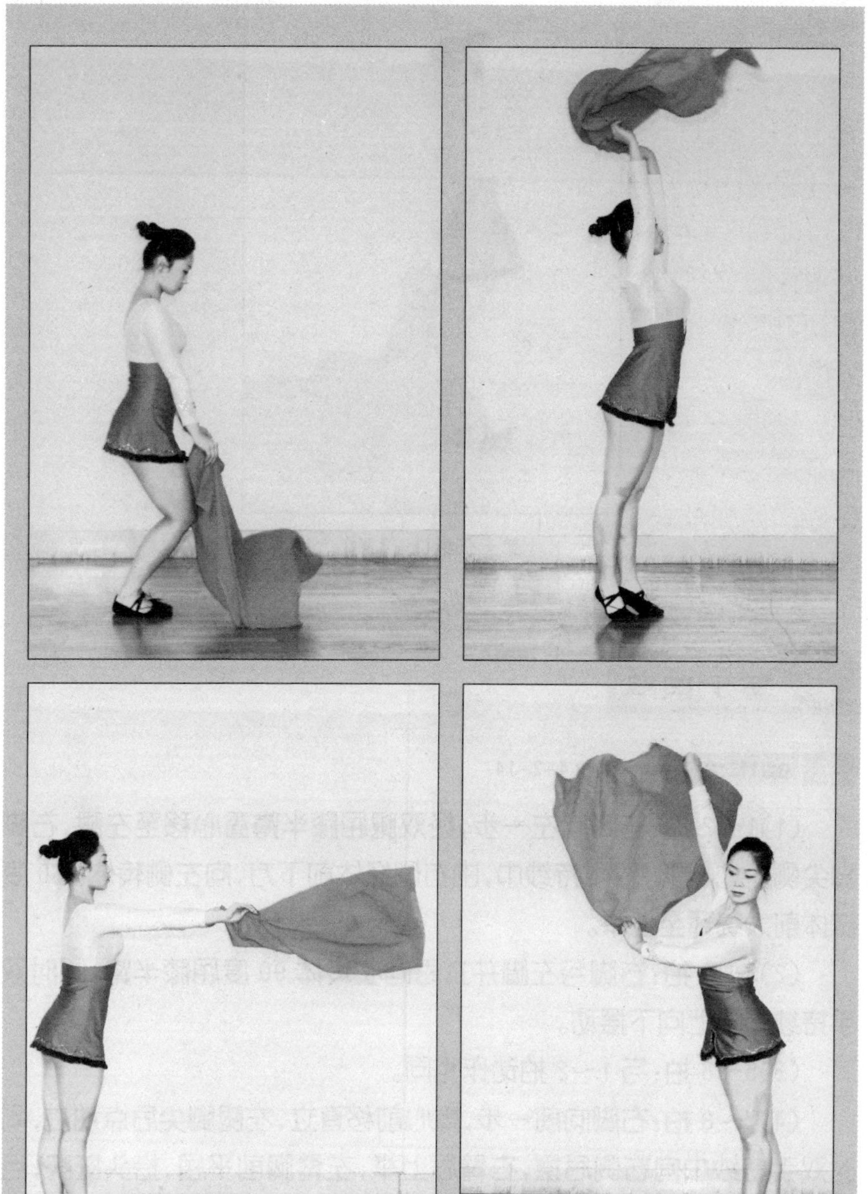

第十三组(1～8拍)

图 4-2-13

 第十四组

动作方法 见图 4-2-14

(1)1～2 拍:左脚向左一步,经双腿屈膝半蹲重心移至左腿,右脚脚尖侧点地,同时双手持纱巾,由右侧经体前下方,向左侧转体 360 度做体前大绕环至上举。

(2)3～4 拍:右脚与左脚并立后向左转体 90 度屈膝半蹲,同时双手持纱巾由上向下摆动。

(3)5～6 拍:与 1～2 拍动作相同。

(4)7～8 拍:右脚向前一步,重心前移直立,左腿脚尖后点地立,同时双手持纱巾向右侧后摆,右臂后上举,左臂胸前平屈,抬头挺胸,目视前方。

动作方法

(1)以肩关节为轴直臂绕环。

（2）纱巾摆动到最高点时，手臂向上抖腕。

（3）空中纱巾要舒展。

　　练习时易出现动作不连贯、不伸展，纱巾飘动不充分，结束姿势不优美等问题。因此，应徒手或持纱巾反复练习，体会动作要领。

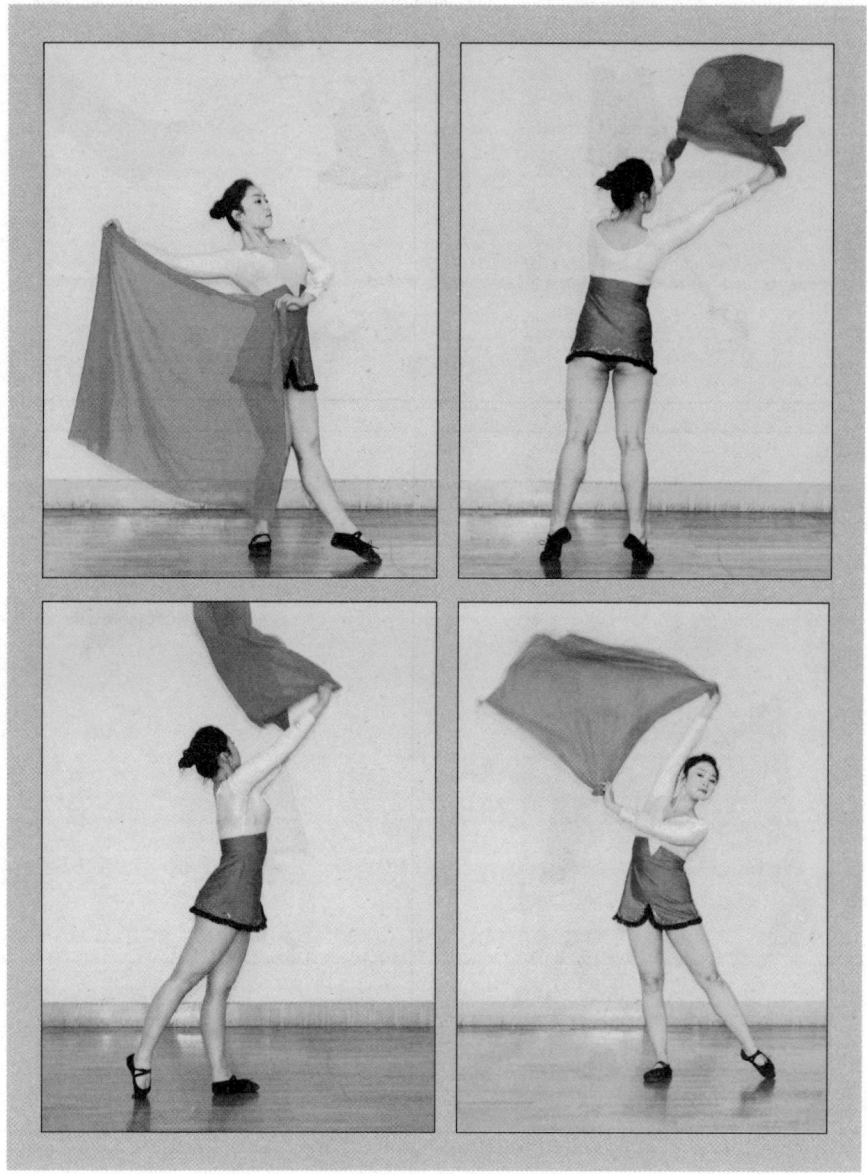

综合型组合

第十四组(1~8拍)

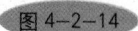

图4-2-14

韵律纱巾操

韵律纱巾操以纱巾操的基本动作为主，结合大众健身的需要编排而成，其动作特点是韵律感强，优美流畅，不仅可以引起练习者的练习兴趣，还能增强体质、修塑形体。韵律纱巾操组合长度为 8 拍×14 组，音乐选配为中速 2/4 拍。

 第一组

动作方法 见图 4-2-15

（1）预备姿势：两手体前持纱巾宽边自然站立。

（2）1～2 拍：两腿屈膝弹动 1 次，同时两手持纱巾向前摆动至两臂前举再落下，目视前方。

（3）3～4 拍：与 1～2 拍动作相同。

（4）5～6 拍：两腿屈膝弹动 1 次，同时两手持纱巾经下方向左摆动至两臂左侧举，目视纱巾。

（5）7～8 拍：与 5～6 拍动作相同，方向相反。

技术要点

（1）以肩关节为轴直臂绕环。

（2）纱巾摆动到最高点时，手臂向上抖腕。

（3）空中纱巾要舒展。

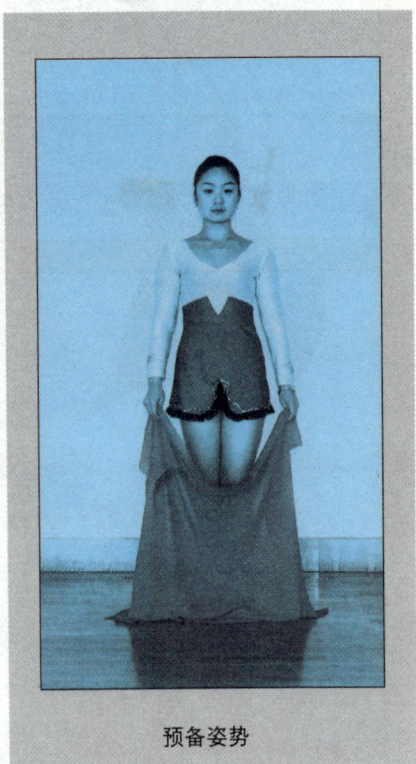

预备姿势

练习时易出现动作不连贯、不伸展,纱巾飘动不充分等问题。因此,应持纱巾慢速练习,体会动作要领。

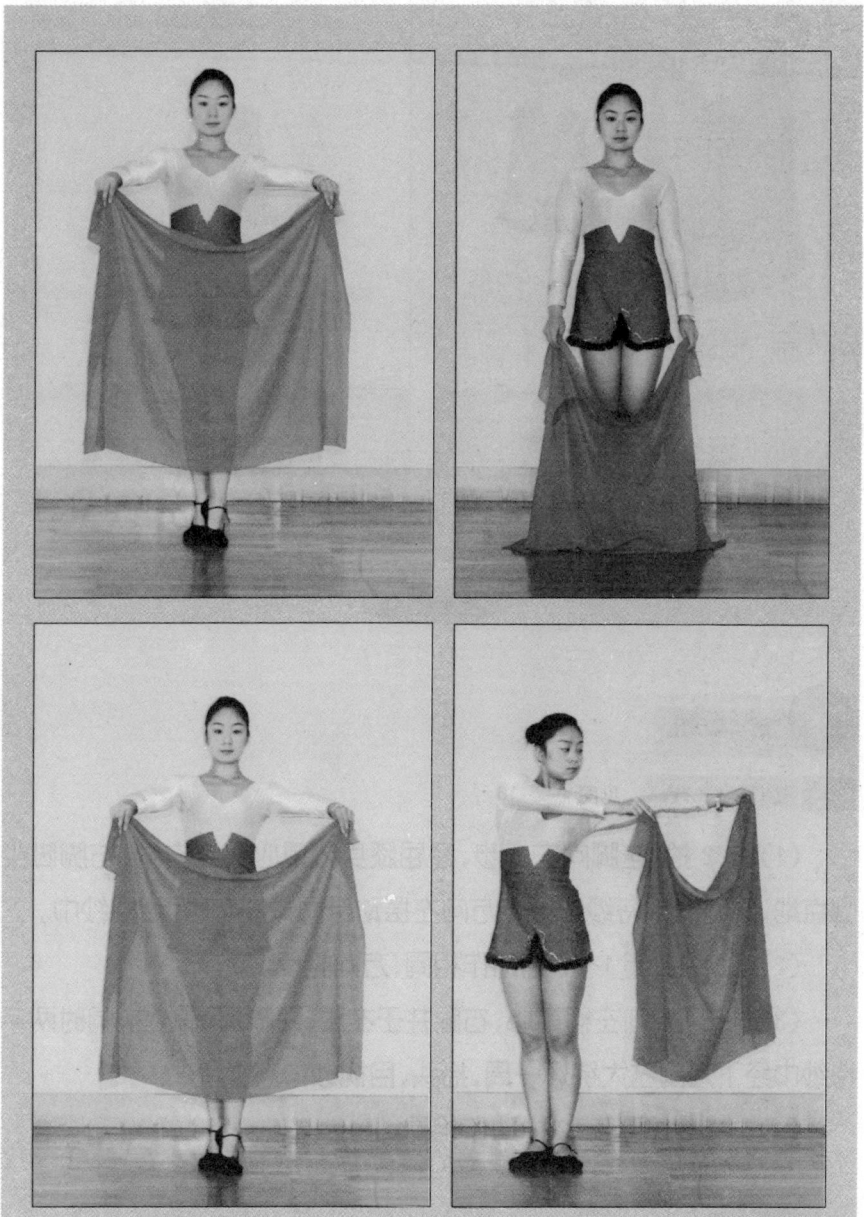

综合型组合

第一组(1~8 拍)

图 4-2-15

第二组

动作方法 见图 4-2-16

(1)1~2 拍:左脚向左一步,经屈膝身体重心移至左腿,右脚脚尖侧点地,同时两手持纱巾经下方向左摆动至两臂左侧举,目视纱巾。

(2)3~4 拍:与 1~2 拍动作相同,方向相反。

(3)5~6 拍:向左移重心,右腿并于左腿,两腿提踵站立,同时两手持纱巾经下方向左大绕环一周,抬头,目视纱巾。

(4)7~8 拍:与 1~2 拍动作相同。

技术要点

（1）以肩关节为轴直臂大绕环。

（2）纱巾摆动到最高点时，手臂向上抖腕。

（3）空中纱巾要舒展。

错误纠正

练习时易出现动作不连贯、不伸展，纱巾飘动不充分等问题。因此，应持纱巾慢速练习，体会动作要领。

第二组(1~8拍)

图 4-2-16

 第三组

动作方法　见图 4-2-17

（1）1~4 拍：右脚并于左脚，两腿屈膝弹动 2 次，同时两手持纱巾在身体右侧、左侧做"8"字大绕环，头随纱巾转动。

（2）5~6 拍：右脚向右一步，经屈膝半蹲身体重心移至右腿，左脚脚尖侧点地，同时两手持纱巾经前方在身体左侧做向后大绕环一周，目视前方。

（3）7~8 拍：与5~6 拍动作相同，方向相反。

技术要点

（1）以肩关节为轴直臂大绕环。

（2）纱巾摆动到最高点时，手臂向上抖腕。

（3）空中纱巾舒展。

❀ 错误纠正

练习时易出现动作不连贯、不伸展，纱巾飘动不充分等问题。因此，应持纱巾慢速练习，体会动作要领。

第三组(1~8拍)

图 4—2—17

第四组

🌸 **动作方法**　见图4-2-18

（1）1拍：左脚向左迈一大步呈弓步，同时两手持纱巾经下方向左前方绕至两臂左侧举，上体略向左侧倾，目视纱巾。

（2）2拍：左脚收回并于右脚，两脚提踵站立，同时两手持纱巾继续向右侧体前大绕环，头随纱巾转动，抬头、挺胸，目视纱巾。

（3）3～4拍：与1～2拍动作相同。

（4）5～6拍：与1～2拍动作相同，方向相反。

（5）7～8拍：身体重心向后移至右脚站立，左脚脚尖侧前方点地，上体略向右后方侧屈，同时两手持纱巾经下方向右摆动至两臂右侧举，抬头，目视纱巾。

🌸 **技术要点**

（1）以肩关节为轴直臂大绕环。

（2）纱巾摆动至最高点时，手臂向上抖腕。

（3）空中纱巾要舒展。

🌸 **错误纠正**

练习时易出现动作不连贯、不伸展、不优美，纱巾飘动不充分等问题。因此，应持纱巾慢速练习，体会动作要领。

综合型组合

第四组(1～8 拍)

图 4-2-18

 第五组

动作方法 见图 4-2-19

(1)1～4 拍:左脚向左一步,右脚再向左一步,两腿交叉向左转体360 度,同时两手持纱巾向左做头上水平大绕环至两臂侧上举,目视纱巾。

(2)5～6 拍:左脚向右前方上步,两脚交叉半蹲,同时两手持纱巾至两臂侧屈,纱巾垂于体后,略低头。

(3)7～8 拍:右脚向前一步,抬上体,呈右脚站立,左腿伸直,左脚脚尖后点地,同时左手持纱巾上举,右手持纱巾侧举,抬头,挺胸,目视右手。

技术要点

(1)头上水平大绕环时,以肩关节为轴直臂绕环。

(2)空中纱巾要舒展。

错误纠正

练习时易出现绕环时弯臂,纱巾飘动不充分等问题。因此,应持纱巾慢速练习,体会动作要领。

综合型组合

第五组(1～8拍)

图4—2—19

第六组

动作方法 见图 4-2-20

1~8 拍：与第五组 1~8 拍动作相同，方向相反。

技术要点

（1）头上水平大绕环时，以肩为轴直臂绕环。

（2）空中纱巾要舒展。

错误纠正

练习时易出现绕环时弯臂，纱巾飘动不充分等问题。因此，应持纱巾慢速练习，体会动作要领。

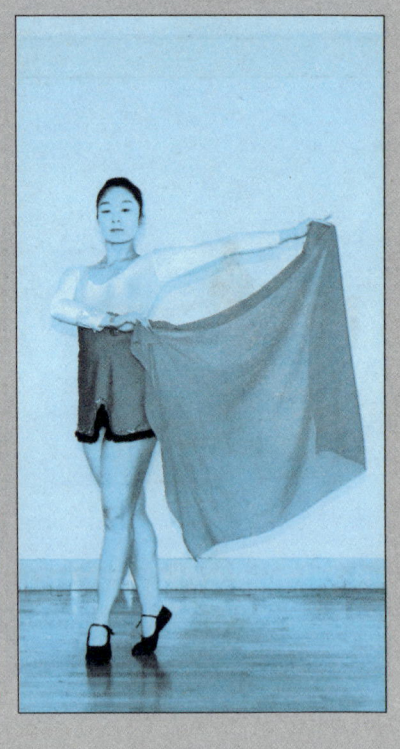

成套动作练习

第六组(1~8 拍)

图 4—2—20

🌸 **动作方法** 见图 4-2-21

(1)1~2 拍:左脚向左一步,经屈膝半蹲向左移重心至左腿站立,右腿脚尖侧点地,同时左手持纱巾掌心向上置于左肩上方,右手持纱巾掌心向下至右侧举,再向左水平摆动至右臂左前举,目视前方。

(2)3~4 拍:经半蹲向右移重心至右脚站立,左脚脚尖侧点地,同时左手于左肩上方不动,右手持纱巾,掌心向上,向右水平摆动至右臂侧后举,目视前方。

(3)5~8 拍:右腿并于左腿,两脚提踵站立,足尖碎步向左转体360 度,同时右手掌心向上持纱巾侧举,左手不动,纱巾飘于体后,目视右前方。

🌸 **技术要点**

(1)左右移重心要充分。

(2)足尖碎步向左转体时,动作流畅,空中纱巾要舒展。

🌸 **错误纠正**

练习时易出现动作不连贯、不伸展、不优美,纱巾飘动不充分等问题。因此,应持纱巾慢速练习,体会动作要领。

第七组(1~8 拍)

图 4—2—21

 第八组

🌸 **动作方法** 见图 4—2—22

1~8 拍：与第七组 1~8 拍动作相同，方向相反。

🌸 **技术要点**

（1）左右移重心充分。

（2）足尖碎步向左转体时，动作流畅，空中纱巾舒展。

🌸 **错误纠正**

练习时易出现动作不连贯、不伸展、不优美，纱巾飘动不充分等问题。因此，应持纱巾慢速练习，体会动作要领。

第八组(1~8拍)

图 4—2—22

第九组

❊ **动作方法** 见图 4-2-23

　　(1)1～2 拍:左脚开始向前小跑 3 步,同时两手持纱巾向上摆动至两臂上举,纱巾飘于头后,目视前方。

　　(2)3～4 拍:双脚并立,两腿半蹲,上体略前屈,同时两手持纱巾向前、向下摆动至两臂前下举,目视纱巾。

　　(3)5～6 拍:两腿伸直呈提踵站立,同时两手持纱巾向上摆动至两臂上举,抬头、挺胸,目视纱巾。

　　(4)7～8 拍:两腿屈膝半蹲,上体略前屈,同时两手持纱巾向下摆动至两臂前下举,目视纱巾。

❊ **技术要点**

　　(1)向前跑时高提踵。

　　(2)两臂侧上举时,肩关节要尽量打开。

❊ **错误纠正**

　　练习时易出现动作不连贯、不伸展、不优美,纱巾飘动不充分等问题。因此,应持纱巾慢速练习,体会动作要领。

第九组(1~8 拍)

图 4-2-23

 第十组

🟦 **动作方法** 见图 4-2-24

1~8 拍:与第九组 1~8 拍动作相同。

🟦 **技术要点**

(1)向前跑时高提踵;
(2)两臂侧上举时,肩关节要尽量打开。

🟦 **错误纠正**

练习时易出现动作不连贯、不伸展、不优美,纱巾飘动不充分等问题。因此,应持纱巾慢速练习,体会动作要领。

成套动作练习

第十组(1～8拍)

图 4－2－24

第十一组

动作方法 见图4-2-25

(1)1~2拍：左脚向左前方做踏跳步，右腿后举，同时两手持纱巾向左前方摆动至左前上举，左臂略高，右臂略低，抬头，挺胸，目视纱巾。

(2)3~4拍：左脚落地，右脚并于左脚前，两脚提踵站立，同时两手持纱巾经下方向右后方摆动至右后侧举，目视纱巾。

(3)5~8拍：与1~4拍动作相同。

技术要点

(1)以肩关节为轴直臂摆动。

(2)跳步跳得要高，后腿伸直。

(3)空中纱巾舒展。

错误纠正

练习时易出现动作不连贯、不伸展，不纱巾飘动不充分，跳步不高，空中姿态不优美等问题。因此，应徒手或持纱巾慢速练习，体会动作要领。

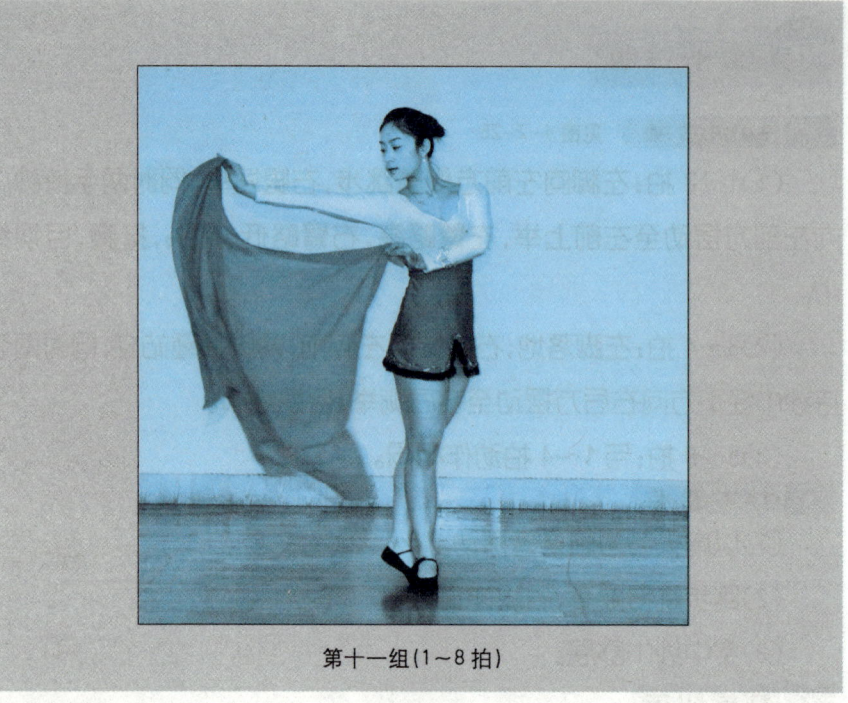

第十一组(1～8拍)

图 4-2-25

 第十二组

🌸 **动作方法** 见图 4-2-26

(1)1～2 拍:左脚向左前方做踏跳步,右腿后举,同时两手持纱巾向左前方摆动至左前上举,左臂略高,右臂略低,抬头,挺胸,目视纱巾。

(2)3～4 拍:与1～2 拍动作相同,方向相反。

(3)5～8 拍:左脚向左做变换步跳 1 次,同时两手持纱巾经下方向左大绕环一周半至两臂左侧上举,左臂略高,右臂略低,目视纱巾。

🌸 **技术要点**

(1)以肩关节为轴直臂摆动,绕环。

(2)跳步跳得要高,后腿伸直。

(3)空中姿态优美,纱巾要舒展。

错误纠正

　　练习时易出现动作不连贯、不伸展,纱巾飘动不充分,跳步不高,空中姿态不优美等问题。因此,应徒手或持纱巾慢速练习,体会动作要领。

第十二组(1～8拍)

图 4-2-26

 **第十三组**

见图4-2-27

🌸 **动作方法**

（1）1～4拍：向右足尖碎步移动3～5步，右腿半蹲，左腿伸直，左脚脚尖在右前方点地，上体略向右侧屈，同时两手持纱巾经前下方向右大绕环一周半至两臂右前下举，目视纱巾。

（2）5～8拍：与1～4拍动作相同，方向相反。

🌸 **技术要点**

（1）以肩关节为轴直臂摆动。

（2）姿态优美，纱巾舒展。

🌸 **错误纠正**

练习时易出现动作不连贯、不伸展，纱巾飘动不充分等问题。因此，应慢速练习，体会动作要领。

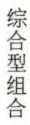

综合型组合

第十三组(1~8 拍)

图 4—2—27

▼ 第十四组

✿ 动作方法 见图 4—2—28

(1)1~4 拍:右脚并于脚,两腿屈膝弹动 2 次,同时两手持纱巾在身体右侧、左侧做"8"字大绕环,头随纱巾转动。

(2)5~6 拍:左脚向前一步,重心前移,左腿站立,右腿脚尖后点地立,同时两手持纱巾经前下方向前方摆动,两臂前举,目视纱巾。

(3)7~8 拍:两腿经弹动右脚并于左脚,双脚提踵立,同时两手持纱巾经下方向右摆动至两臂右侧举,左臂胸前平屈,目视纱巾。

✿ 技术要点

(1)以肩关节为轴直臂绕环。

(2)纱巾摆动到最高点时,手臂向上抖腕。

(3)空中纱巾要舒展。

✿ 错误纠正

练习时易出现动作不连贯、不伸展,纱巾飘动不充分,结束姿势不优美等问题。因此,应徒手或持纱巾慢速练习,体会动作要领。

成套动作练习

第十四组(1~8拍)

图4-2-28